RECUEIL DE RAPPORTS

sur

LES PROGRÈS DES LETTRES ET DES SCIENCES

EN FRANCE.

PARIS.

LIBRAIRIE DE L. HACHETTE ET C*,

BOULEVARD SAINT-GERMAIN, N 77

RECUEIL DE RAPPORTS

SUR

LES PROGRÈS DES LETTRES ET DES SCIENCES

EN FRANCE.

2542

RAPPORT

SUR

LE PROGRÈS DES LETTRES

PAR MM. SYLVESTRE DE SACY,

PAUL FÉVAL, THÉOPHILE GAUTIER ET ÉD. THIERRY.

PUBLICATION FAITE SOUS LES AUSPICES

DU MINISTÈRE DE L'INSTRUCTION PUBLIQUE.

PARIS.

IMPRIMÉ PAR AUTORISATION DE SON EXC. LE GARDE DES SCEAUX

A L'IMPRIMERIE IMPÉRIALE.

MDCCC LXVIII

RAPPORT SUR LA MARCHE

ET LES PROGRÈS

DE LA LITTÉRATURE EN FRANCE.

DISCOURS PRÉLIMINAIRE.

MONSIEUR LE MINISTRE,

Dans cette grande revue que, parallèlement à l'Exposition universelle de l'industrie, Votre Excellence a voulu faire de la marche et des progrès des sciences et des lettres en France depuis vingt-cinq ans, une Commission spéciale, composée de MM. Édouard Thierry, Paul Féval et Théophile Gautier, a été chargée de ce qui concerne les lettres, et vous m'avez fait l'honneur de me désigner pour présider cette Commission.

Avant tout, il s'agissait de déterminer d'une manière précise l'objet de notre travail et d'en poser les limites. Le domaine des lettres est par lui-même universel. L'art d'écrire et de parler s'applique à tout. Non-seulement la poésie, l'art dramatique, l'éloquence de la chaire, du barreau et de la tribune, l'histoire et le roman, qui est comme l'histoire de la vie privée, la rhétorique, la critique, sont autant de branches sortant du même tronc et forment ce que l'on peut appeler sans trop d'emphase l'empire des lettres; mais c'est par l'art d'écrire que les sciences elles-mêmes, la physique, la chimie, l'astronomie, l'histoire naturelle et jusqu'aux mathématiques, se popularisent et font entrer leurs découvertes dans le courant des connaissances générales. Bien en a pris aux sciences d'avoir de temps en temps pour organes des Fontenelle, des Buffon, des Bailly, des Cuvier, des de Laplace, écrivains aussi distingués que savants illustres, et Dieu veuille que cette vieille alliance des sciences et des lettres, qui compte encore plus d'un représentant parmi nous, ne soit jamais rompue !

Toutefois, une première division s'opère naturellement entre les sciences proprement dites et les lettres. Ce qu'elles s'empruntent réciproquement les rapproche sans les confondre. Nous n'exigerions pas aujourd'hui, ou qu'un orateur pût parler de tout comme le voulait Cicéron, ou qu'un Newton, expliquant le système du monde, le chantât sur la lyre philosophique de Platon. Les sciences, qui n'étaient jadis qu'une partie de la philosophie, comme la philosophie n'était elle-même qu'une partie des lettres, se sont fait, à bon droit, un empire à part. Encore cet empire a-t-il dû se partager en de grandes et vastes provinces, sous peine de voir le désordre et l'anarchie s'introduire dans son sein.

L'érudition, qui confine aux lettres par tant de côtés, n'est pas non plus sous leur juridiction spéciale. Ces premières bornes fixées, le domaine des lettres n'est encore que trop étendu. On s'étonne de ce que le célèbre Chénier, chargé il y a soixante ans d'un travail analogue à celui que nous a confié Votre Excellence, faisait entrer dans son rapport, quoique déjà, lui aussi, il s'arrêtât à la frontière qui sépare les sciences de la littérature. Nous aurons plus d'une fois à parler de ce rapport de Chénier. La table des matières du petit volume où il tient à l'aise est vraiment encyclopédique. La philosophie et la logique du temps, sous le nom d'analyse de l'entendement et d'art de penser; la morale, la politique, la législation; l'histoire, sous ses formes diverses; la rhétorique, la critique, l'art oratoire; l'éloquence sacrée et profane; le roman écrit en français ou traduit des langues étrangères; la poésie épique, lyrique, didactique; la comédie, la tragédie, le drame, tout s'y presse, tout y a sa place; et la grande époque dont il s'agissait de retracer le tableau littéraire était celle qui, terminant le dix-huitième siècle avec la Révolution française, commence le dix-neuvième avec les jours les plus glorieux et les plus brillants de l'Empire! Comment Chénier a pu resserrer ce vaste tableau en si peu de pages sans rien omettre d'essentiel, nous le dirons tout à l'heure. Ce qu'il y a de sûr, c'est qu'aujourd'hui plus d'une année et plus d'un volume seraient nécessaires pour mener à bonne fin un pareil travail, et qu'un seul homme, eût-il l'esprit analytique et la plume rapide de Chénier, ferait preuve d'une grande témérité s'il s'en chargeait.

Aussi Votre Excellence a-t-elle cru devoir faire des départements séparés de ce qui ne forme que les chapitres d'un même livre dans le rapport de Chénier. La législation, la politique et la morale se seraient étonnées d'être comprises dans la littérature; la philosophie s'en serait indignée peut-être, oubliant qu'elle doit à la poésie et à l'éloquence ses jours les plus brillants, qu'un philosophe qui ne serait ni orateur, ni poëte, courrait grand risque de se morfondre dans son école déserte, et qu'où la raison se tait, l'imagination trouve encore beaucoup à dire.

Quant à l'histoire, dont les anciens ne faisaient qu'une des sections de la rhétorique, ce qui ne leur a pas si mal réussi pourtant, elle ne met plus l'éloquence qu'à la seconde ou à la troisième place ... conditions de son existence, si même, plus dédaigneuse ... sse pas tout à fait. Il est plus aisé de mépriser l'art d'écri... ... de savoir en user; mais, quoi qu'en ait dit un ancien dégénéré, l'histoire ne plaît pas de quelque manière qu'elle soit écrite. Il ne serait pas difficile de faire voir, preuves en main, que de tant de livres d'histoire qui ont été publiés dans ce demi-siècle, les seuls qui vivent et dont la renommée dure encore sont ceux, vous le savez, monsieur le Ministre, qui, neufs par la profondeur et l'exactitude des recherches, sont antiques par le talent.

La littérature n'est pas envieuse! Que la philosophie, l'histoire, la politique, la législation et la morale forment donc des provinces particulières et détachées de son empire; loin de s'en plaindre, la littérature se félicitera d'avoir été déchargée d'une grande partie du fardeau que Chénier portait trop légèrement. L'art oratoire lui-même, si grave et presque dogmatique dans la chaire chrétienne, si difficile à suivre dans le mouvement journalier du barreau, si passionné à la tribune et n'ayant guère que l'esprit de parti pour juge lorsqu'il est encore, pour ainsi dire, la chose du jour et que le temps n'en a pas éteint la flamme, ne pouvait que difficilement être l'objet d'r examen tout littéraire. Les choses, en pareilles matières, l'emportent trop sur la forme. Le prédicateur qui fait des conversions, ou qui tâche d'en faire, a atteint son but ou rempli son devoir. Personne n'a le droit de lui demander l'élégance de Massillon, la correction sévère de Bourdaloue, encore moins le tour sublime de Bossuet. Le nom de Mirabeau est un grand nom dans les fastes de la tribune française; il serait plus grand encore si l'orateur avait laissé autre chose après lui qu'une révolution. Le Mirabeau de la France actuelle sera l'homme qui emploiera à conserver et à défendre le talent que le Mirabeau de 1789 employait à attaquer et à détruire. Le nommer, s'il existe, semblerait une flatterie; mieux vaut laisser à la voix publique le soin de le reconnaître et de le désigner.

Que restera-t-il à la littérature, toutes ces défalcations faites? Trois chapitres, dans lesquels Votre Excellence nous a très-sagement renfermés: la poésie proprement dite, l'art dramatique dans ses genres divers, et le roman, qui, aujourd'hui, forme à lui seul une littérature tout entière. L'offre peut à peine répondre à la demande, quoique l'immense atelier où se fabrique le roman ne se repose jamais, et que les ingénieux ouvriers qui font mouvoir la machine ne connaissent ni les vacances du dimanche ni celles du lundi. En confiant à M. Théophile Gauthier le chapitre de la poésie, celui de l'art dramatique à M. Édouard Thierry, et le roman à M. Paul Féval, tout le monde trouvera, je crois, que Votre Excellence a eu la main heureuse; peut-être ne s'est-elle trompée qu'en me choisissant par excès de bienveillance pour présider cette Commission, moi moderne par mes opinions, mais antique par mes goûts, qui me suis enfermé dans un petit nombre de vieux livres que j'aime, et qui, tout en honorant la littérature actuelle, ai si peu vécu de la vie qui l'anime et de l'esprit qui l'inspire!

Aujourd'hui que l'œuvre de mes collaborateurs est terminée et que je suis assez heureux pour vous l'offrir, avec le juste espoir d'un accueil favorable, vous avouerai-je, monsieur le Ministre, que nous avons été plus d'une fois sur le point d'abandonner l'entreprise, à l'aspect des difficultés qu'elle nous offrait? Juger tant d'auteurs vivants! A une époque où les gens de lettres forment une vaste société liée par les plus étroits rapports, juger ses amis, ses confrères, ses égaux! je ne dis pas leur infliger la critique, mais leur partager l'honneur selon le degré de leur mérite, quel rôle! quelle tâche! Chénier lui-même en sentait le poids dans un temps où les lettres n'étaient pas organisées démocratiquement, comme elles le sont à l'heure qu'il est. Ses réflexions sont trop judicieuses et ses plaintes trop éloquentes pour qu'il ne soit pas à propos d'en citer ici quelque chose. « Plus nous avançons, dit-il, dans le travail qui nous a été prescrit, et plus nous sentons quel poids il nous impose. Comment, de leur vivant même, apprécier tant d'écrivains, non sur de rigoureuses théories, sur des faits démontrés, sur des calculs évidents, mais sur des choses réputées arbitraires, sur l'esprit, le goût, le talent, l'imagination, l'art d'écrire? Comment se frayer une route à travers tant d'écueils formidables, entre tant d'opinions diverses, quelquefois contraires, toujours débattues avec chaleur? Comment satisfaire à la fois et ceux dont il faut parler, et ceux qui ont un avis sur la littérature après l'avoir étudiée, et ceux mêmes qui, sans aucune étude, se croient pourtant du nombre des juges? »

Aujourd'hui, de juges compétents ou non, il y en a moins, il est vrai, que du temps de Chénier; peut-être même n'y en a-t-il plus du tout, chacun s'en rapportant à son goût, à son instinct, et se souciant très-peu d'exprimer sa sensation sous la forme d'un jugement pour l'imposer aux autres; mais les auteurs, à quel point ne se sont-ils pas multipliés! Ce n'est plus dans chaque genre une tribu, une caste : c'est une nation. Le roman tout seul présente plus d'écrivains à apprécier que n'en présentait à Chénier tout ce qu'il comprenait dans son rapport : car, il faut bien le dire, en lisant ce rapport, le petit nombre des auteurs nommés, et parmi lesquels encore il y en a tant de médiocres ou de tout à fait oubliés, n'étonne pas moins que l'étendue presque sans bornes des matières qu'il comprend. Si Chénier a pu embrasser tant de choses, c'est qu'il avait peu de personnes à y rattacher. Il abrége et retranche sur les écrivains. Tous les ouvrages qu'il cite, il a pu les lire sans trop de peine. La littérature produisait infiniment moins dans ce temps-là. Un livre qui paraît n'est pour nous qu'un accident journalier : c'était un événement du temps de Chénier. Peut-être quelques ouvrages s'élevaient-ils davantage au-dessus du niveau commun; M. de Chateaubriand publiait son *Génie du Christianisme*, ou du moins son *Atala*; le niveau commun était bas; à peine atteignait-il une fade médiocrité, tandis qu'aujourd'hui le mauvais, le méprisable, l'insignifiant, est presque aussi rare parmi les écrivains de métier que l'excellent. On découvre toujours, avec un peu de patience, le coin de talent. Il faut parler de tout le monde sous peine d'être injuste, c'est-à-dire prendre et peser un à un les grains de sable de la mer. Tout cela ne vivra pas; mais tout cela a son jour de vie, et c'est ce jour qu'il faut signaler.

Encore si par le silence ou par la critique on n'avait à craindre que de froisser des amours-propres! mais on court risque de blesser des intérêts, et quelquefois des intérêts bien respectables. Tant de gens de lettres n'ont pour fortune que leur réputation et une certaine vogue! Le succès et la vente de leurs livres ou de leurs pièces de théâtre, c'est leur rente, rente d'autant plus honorable qu'elle est le prix d'un libre travail, mais rente incertaine et toujours exposée à de terribles baisses. Cette indépendance dont ils sont justement fiers, Dieu sait ce qu'elle coûte à quelques-uns d'entre eux! La littérature, en un mot, n'est plus comme autrefois la distraction élégante d'une vie d'oisif ou d'abbé pensionné, le privilége de quelques vocations extraordinaires; c'est une profession, un état dont il faut vivre, et où règne comme partout une concurrence meurtrière, un encombrement désastreux.

Ajoutons, à l'honneur des lettres actuelles, que généralement ceux qui les cultivent ne veulent pas renoncer aux obligations de la vie sociale et aux sévères douceurs de la vie de famille. Savoir écrire en vers ou en prose n'est pas un prétexte qui les dispense de tenir leur place dans le monde. Les gens de lettres se marient tout comme d'autres : ils ont une femme à faire vivre, des enfants à élever. Boileau pouvait ne pas se croire trop cruel en décriant Chapelain riche et *le mieux renté de tous les beaux esprits*, ou Cottin conseiller et aumônier du roi. Hasardez donc un mot dur, sévère, une boutade injuste peut-être, contre un talent qui n'a pas le bonheur de vous plaire, mais qui est le champ dont la moisson fait vivre un galant homme et sa famille! Heureux Chénier, que ses passions exposaient à être si souvent injuste, et qui ne l'a été qu'envers deux hommes, dont l'un avait trop d'esprit pour que les épigrammes de Chénier l'empêchassent de faire un beau chemin littéraire et politique, et dont l'autre, par son génie, était déjà hors des atteintes de la critique, M. de Bonald et M. de Chateaubriand!

En ne s'attaquant pas à si forte partie, les habitudes, les opinions et les préjugés du temps faisaient beau jeu, d'ailleurs, à la critique de Chénier. Sur les points essentiels, tout le monde était d'accord. De philosophie, il n'y en avait qu'une : celle de Condillac. Une opinion presque universelle rejetait les autres dans le galimatias, sublime ou non. On se croyait parfaitement dispensé de réfuter quelque chose d'aussi ridicule que les *idées* de Platon ou le *spiritualisme* de Mallebranche. N'en pas parler abrégeait la besogne.

En religion, l'incrédulité brillante de Voltaire suffisait au grand nombre des esprits légers; l'athéisme de Diderot, le matérialisme de Cabanis, aux esprits profonds. On passait le déisme de J. J. Rousseau aux esprits faibles. A peine l'aube de la rénovation chrétienne commençait-elle à blanchir le ciel : M. de Chateaubriand charmait plus de lecteurs qu'il n'en persuadait.

La politique offrait un terrain trop brûlant encore pour qu'on osât y poser le pied. La Révolution, avec ses sanglantes saturnales, avait dégoûté la France des discussions de ce genre. Chénier n'en hasarde que quelques mots qui se ressentent de l'amertume secrète de son cœur; mais à qui la faute si la liberté n'était plus populaire, et si la Terreur de 1793 avait éteint l'enthousiasme de 1789?

Quant à la critique proprement dite, seule, au milieu de tant de ruines, elle était restée immuable. Son vieux code subsistait tout entier. Chénier n'en invoque pas d'autre; il en reçoit les moindres articles comme autant d'articles de foi. C'est un symbole hors duquel il n'y a pas de salut. Chénier vous dira de combien de délits M. de Chateaubriand s'est rendu coupable pour avoir élevé son style et son art au-dessus de quelques-unes des prescriptions de ce code, et quelles peines il a encourues. Le réquisitoire est complet. Cette rigidité criminaliste en fait de goût était-elle particulière à Chénier? Point du tout. Auteurs, lecteurs, spectateurs de toute condition, de tout âge et de tout sexe, acceptaient le code; la besogne de la critique allait toute seule : la règle était là, il ne s'agissait que d'ouvrir le code révéré et d'en faire l'application au corps du délit, c'est-à-dire à l'ouvrage, quel qu'il fût, que l'on avait sous les yeux. Le bon temps pour la critique! quel âge d'or ! et que c'est dommage qu'il soit passé !

Et pourtant, comme on l'a pu voir dans le passage cité plus haut, Chénier n'était pas encore content. Il se plaignait de la diversité des opinions et des goûts et de la difficulté de juger quand on n'a pour asseoir ses jugements que quelque chose d'aussi arbitraire que les règles de l'art d'écrire et l'impression produite par le talent. Que dirait-il donc aujourd'hui?

Cette difficulté que la nature même du sujet faisait ressentir à Chénier, nous l'avons ressentie bien davantage à une époque où les lecteurs ne s'inquiètent pas plus que les auteurs de tout ce que l'on appelait autrefois les lois du goût. Chénier aurait désiré, ce semble, qu'il fût possible d'introduire dans l'appréciation des œuvres de l'art l'infaillibilité du calcul, la rigueur des démonstrations mathématiques, ou tout au moins la certitude des faits qui tombent sous l'observation et que tous les yeux voient nécessairement de même. En cela Chénier se trompait gravement. C'est la gloire de l'art d'être, pour ainsi dire, le maître de ses propres règles. A la matière, les lois immuables et uniformes; aux sciences, qui ont pour objet la nature physique, la certitude; l'art est libre comme l'âme même dont il est la plus noble et la plus pure expression. Les lois du monde ne changent pas: elles suivent un ordre invariable et constant. Le goût change et se renouvelle parce que l'âme, en vertu de la liberté, qui est sa faculté propre et le plus beau don que lui ait fait le Créateur, échappe à toute nécessité, même à celle du bien. Jusque dans ses égarements on retrouve les titres de sa noblesse. Oui, la littérature a ses variations et ses décadences. La science n'en a pas. En prenant un espace de temps déterminé, il sera toujours facile de marquer avec précision le point d'où est partie la science et celui où elle est arrivée, les faits ajoutés par l'observation aux faits déjà connus en physique, en chimie, en botanique; les découvertes de l'astronomie dans le vaste champ des cieux, ou les nouvelles démonstrations dont se sont enrichies les mathématiques. Là, le progrès est nécessaire, infaillible, même lorsque le génie baisse et cède la place aux simples travailleurs. Un cataclysme pourrait seul substituer les ténèbres à la lumière et obliger la science à recommencer son œuvre. Ce cataclysme est peu probable. La preuve que cette loi du progrès continu n'existe pas pour les lettres, c'est que celles-ci changent de voie, et que le pis pour elles serait de s'attacher à une méthode toujours la même. Elles s'y dessécheraient et y perdraient avec leur jeunesse et leur fraîcheur tout ce qui fait leur beauté. A la longue ce qui a produit des chefs-d'œuvre ne produit plus que des œuvres mortes. Avec un peu d'étude on fera des vers raciniens, mais qui ressembleront aux vers de Racine comme une image en cire ressemble à la personne animée ; il n'y manquera qu'une chose, la libre inspiration et la vie. Mieux vaut une franche barbarie que la décrépitude d'une pareille vieillesse.

Les lettres auraient donc bien tort de le désavouer ou d'en rougir : l'histoire de leur marche n'est pas nécessairement l'histoire de leur progrès. Elles changent, non pas toujours en mieux, mais parce qu'elles périraient si elles ne changeaient pas. Quand une longue imitation a couvert le champ des lettres d'œuvres sans vie, l'anarchie arrive qui nettoie le terrain, purifie l'air et renouvelle la séve. Dans tout ce qui n'est pas la science nous en sommes, il faut avoir le courage de le dire, à l'anarchie : philosophie, morale, histoire, poésie, roman, théâtre, l'anarchie a tout envahi. Chacun suit sa route, sans regarder qui le précède ou qui le suit. La vieille critique, celle qui épluchait les phrases, pesait les mots, traitait du haut de sa grandeur toute inspiration libre en fait de style et de pensée, est morte avec la vieille littérature ; personne ne croit plus qu'inventer et calquer soit une même chose, et qu'il suffise de mettre ses pas dans les pas des classiques pour arriver à leur immortalité. L'arbitraire, telle est aujourd'hui la loi des lettres, malgré l'opposition qui semble être entre ces deux mots. Pour peser nous n'avons plus de balance, pour mesurer plus de compas. Au théâtre, on ne voit plus un petit nombre de juges se rassembler solennellement, moins pour savourer une émotion que pour porter un jugement. La foule accourt, ne sachant pas même s'il y a des règles, et siffle ou applaudit selon qu'elle s'ennuie ou qu'elle s'a-

muse. Des livres, il en faut pour tous les goûts : ils sont bons s'ils
se vendent, mauvais s'ils restent chez le libraire. On ne lisait guère
autrefois que dans les salons; aujourd'hui ce sont peut-être les
salons qui lisent le moins. Il s'agissait de satisfaire un petit nombre
d'esprits délicats : il s'agit de répondre aux besoins d'une multitude
affamée. Voulût-on former un jury littéraire, je doute qu'on pût
jamais amener les douze jurés à prononcer leur verdict, à moins
qu'employant la méthode anglaise on ne les fît mourir de faim
et de soif dans la salle de leurs délibérations. Un jury littéraire?
mais quatre personnes amiablement réunies dans une commission
pour juger des progrès de notre littérature ne parviendront à s'entendre qu'à la condition de ne pas s'expliquer, ou de convenir
d'avance d'une tolérance absolue pour leurs opinions réciproques.
Juger! mais condamner aujourd'hui un ouvrage d'art ou de littérature, c'est presque dire à l'auteur qu'il est un sot; si peu que
ce soit d'esprit et de talent justifie tout dans la liberté qui règne
de penser ce que l'on veut et d'écrire selon sa fantaisie.

La critique est morte; n'est-ce pas un paradoxe de le dire pendant que journaux et revues abondent, et qu'il semble, au contraire, que de toutes les branches de la littérature ce soit celle qui
ait pris le plus de développements et qui joue le plus grand rôle?
Paradoxe, soit! mais c'est notre temps lui-même qui est paradoxal.
Le paradoxe est dans les faits et non dans l'imagination de celui qui
les observe et qui les note. La critique est morte en ce sens qu'elle
n'est plus une règle commune, une loi uniforme et acceptée de
tous; la critique, qui met tout en question, est en question elle-
même; chacun a la sienne qu'il fait dériver de son goût propre et
qu'il traite selon sa méthode; et c'est pour cela peut-être qu'obligée
par l'incertitude même où elle est tombée de remonter aux principes et de jeter la sonde à une plus grande profondeur, la critique a produit quelques-uns des esprits les plus éminents et les
plus originaux de notre époque.

En me demandant de placer ici quelques réflexions sur la critique pour compléter ce tableau de notre littérature, Votre Excellence n'a pas prétendu, sans doute, que j'essayasse de lui offrir une histoire détaillée de la critique en France depuis vingt-cinq ans. Dans l'immense variété des esprits et des goûts, au milieu de cette multitude de revues et de journaux où écrivent, sous tant d'inspirations différentes et quelquefois opposées, des hommes d'un rare talent pour la plupart, l'œuvre serait trop au-dessus de mes forces. Trop de noms distingués s'offriraient à ma mémoire, sans compter ceux que j'oublierais ou que je ne connais pas. Les classer, les étiqueter, présenterait trop de difficultés. Nous vivons dans un temps où il ne faut nommer personne si l'on ne veut pas nommer tout le monde.

Laissant donc les critiques de côté et me bornant à retracer les caractères les plus généraux de la critique actuelle, je crois qu'on peut la diviser en trois branches principales : la première, qui se rattache, mais sans superstition, à la méthode classique et remonte aux principes et à la philosophie de l'art sur les traces des grands critiques anciens, Aristote, Horace, Cicéron, Quintilien, s'aidant aussi de ceux de nos grands écrivains modernes qui ont bien voulu nous révéler quelques-uns de leurs secrets, Corneille dans l'examen de ses propres pièces, Racine dans ses trop courtes préfaces, Voltaire en cent lieux de ses ouvrages; la seconde, que l'on pourrait appeler, sans vouloir la rabaisser et lui faire tort, la critique de fantaisie, l'examen des œuvres littéraires ne lui servant que d'occasion ou de prétexte pour développer ses propres idées et se livrer à des excursions sérieuses ou légères; la troisième, biographique et psychologique avant tout, cherchant moins le livre dans l'auteur que l'auteur dans le livre, classant les différents esprits dans les différents siècles par genres et par espèces comme on classe des plantes dans un herbier, acceptant tout, le laid et le beau, le raisonnable et l'insensé, à titre de produits de l'esprit humain, pourvu que la séve ait monté et qu'un rejeton vigoureux soit sorti du tronc commun.

Ces trois sortes de critique diffèrent par le style, comme par la méthode; sans vouloir établir entre elles sous ce rapport des distinctions trop marquées, on peut attribuer à la première la précision, la clarté, une forme pure et élevée; à la seconde une finesse spirituelle, ou l'abondance et la richesse de l'imagination; à la troisième une justesse extraordinaire dans le trait, une sagacité d'expression qui peint d'un mot, une habileté de main qui s'applique à tout et épuise un caractère en quelques coups de pinceaux. Des noms propres éclairciraient tout ceci, je le sens bien. Le lecteur prendra la peine de les chercher, s'il le veut bien. Mieux vaut lui laisser ce petit embarras que de se briser soi-même sur l'écueil.

En dernière analyse, la critique n'est plus un tribunal, puisqu'on trouve toujours à appeler des arrêts de l'un au goût et à la complicité de l'autre. Chacun a son monde et se passe parfaitement du monde qui n'est pas le sien. Tâchons néanmoins de caractériser plus nettement encore chacun des trois genres principaux de critique que je viens de signaler.

La critique biographique, celle que j'ai nommée la dernière, mais qui tient en réalité le haut du pavé à l'heure qu'il est, se propose, avant tout, la ressemblance du portrait. Si le modèle est vivant, elle le fait poser devant elle; elle l'étudie moins pour le juger que pour se former une idée exacte de sa physionomie, et s'applique à rendre jusqu'aux moindres des plis et des rides qui le font ce qu'il est. Être vraie dans la peinture, voilà sa dernière visée et son but suprême. Tout ce qu'elle demande, c'est que la figure du modèle ait de l'expression, du relief, et ne soit pas platement insignifiante. Êtes-vous chrétien? on vous peindra comme chrétien. Un bon portrait de Massillon, de Bourdaloue, du docteur Arnauld ou de la mère Angélique, en vaut bien un autre; peut-être même vaut-il mieux et a-t-il plus de chance, s'il ressort bien, d'illustrer l'artiste en passant à la postérité. Pas de préférence pourtant, de préférence trop marquée du moins. La nature a plus d'un type. De la même plume, et d'un trait non moins sûr et non moins fin, on saisira la nuance qui caractérise l'incrédule frivole du dernier siècle, on prendra sur le fait le révolutionnaire fanatique et convaincu, ou le sceptique de notre époque doutant de tout, excepté de la science, et espérant chaque matin trouver au fond de son creuset l'explication du monde et le secret de l'univers. Quand on parcourt les longues et curieuses galeries de cette critique, son vaste et brillant musée de portraits, on ne songe pas même à se demander si ceux qu'ils représentent ont été bons ou mauvais, tant ils vivent, tant ils semblent avoir eu droit et raison d'être ce qu'ils ont été, tant il paraît impossible qu'ils aient pu être autre chose; c'est l'esprit humain dans ses variétés infinies, mais toujours l'esprit humain. Accuser une de ses nuances et la condamner, ne serait-ce pas accuser la nature des choses et condamner le Créateur lui-même? Êtes-vous écrivain? écrivez d'une façon ou de l'autre, à votre choix et comme il vous plaira : ayez seulement un style à vous; ce ne sera peut-être pas le meilleur : un petit coup de pinceau, jeté comme à la dérobée, fera comprendre que le critique s'en est aperçu, et mettra sa conscience et son goût en sûreté. La laideur même peut quelquefois tenter le peintre. Le laid a son originalité. Il ressort sur la toile et met dans tout son jour l'habileté de l'artiste. Généralement indulgente, la critique biographique n'aura de colère que contre l'hypocrisie, la bassesse, la fausseté sous tous ses aspects. Elle aurait le droit de prendre à J. J. Rousseau sa devise : *Vitam impendere vero.*

Comprendre tout, c'est un mérite. Ce mérite toutefois a ses inconvénients. Il conduit à confondre un peu trop le bien et le mal, à accepter sans choix tout ce qui se présente avec une certaine énergie de relief dans l'histoire de la littérature et dans les œuvres de l'art. A force de peindre on finirait par perdre l'habitude de juger, et qu'est-ce que la critique sans jugement? La critique biographique ne juge pas assez. Par réaction peut-être, la critique que j'ai appelée classique juge trop : au jour de ses grandes rigueurs, ce sont les têtes les plus élevées qu'elle semble menacer de sa faux.

Aussi dégoûtée que qui que ce soit des imitateurs et de leurs pâles copies, même parmi les modèles elle a son choix; à peine pardonne-t-elle à Fénelon sa grâce un peu molle, et consent-elle à lui faire une place au-dessous de Pascal et de Bossuet; Massillon est trop élégant, Buffon trop riche et trop pompeux; tant de franche éloquence et de passion, tant de tableaux de la nature aussi frais que la nature elle-même, n'obtiennent pas grâce à J. J. Rousseau pour quelques traits déclamatoires et pour quelques idées fausses dont le venin est épuisé. Les pauvres modernes passeront mal leur temps sous cette verge impitoyable! Pas autant qu'on pourrait le croire. Rigoureuse dans ses principes, la critique classique de notre époque réserve ses jugements les plus sévères pour les classiques eux-mêmes. Où un peu de beau éclate dans les œuvres modernes, elle ne chicane pas sur les détails. Elle aime trop les lettres pour les décourager par un mépris systématique.

Il faut l'avouer : la recherche exclusive du vrai courrait grand risque de nous faire oublier qu'il y a un beau, ou plutôt que le beau et le vrai ne font qu'un et que la source du laid c'est le faux, si la critique à principes ne se tenait à côté de la critique à portraits pour perpétuer les traditions de l'art. Les formes varient et changent, nous l'avons déjà dit. Il y a quelque chose qui ne change pas, l'esprit humain. Quand le commentaire a altéré la loi et en a fait une chaîne au lieu d'une garantie, remontez à l'esprit de la loi, à la justice. La loi, rajeunie plutôt que changée, reprendra la vie qu'elle avait perdue. En littérature, les règles, au lieu de féconder les esprits, semblent-elles n'y plus porter que la sécheresse et la stérilité? c'est qu'une étroite et fausse application n'en a pris que le dehors, que la lettre qui tue, et a voulu faire une loi perpétuelle de ce qui n'était que la loi des circonstances. Remontez au principe des règles, à l'impérissable sentiment du beau. Les règles se raffermiront et fortifieront l'esprit au lieu de l'accabler. Quel est le classique aujourd'hui qui accepterait les anathèmes de Voltaire contre Shakespeare et ceux de Chénier contre M. de Chateaubriand?

La langue aussi, cette langue française qui s'est déjà pliée à tant d'esprits divers sans se corrompre, a besoin d'être défendue; mais comment? Non pas en interdisant aux écrivains les tours nouveaux et les expressions créées : tout mot est bon qu'aucun autre ne remplacerait; toute expression est française qui éclaire comme un phare dans la nuit. Montaigne, c'est lui-même qui l'a dit, n'en refusait aucune qui lui parût propre à recevoir et à rendre énergiquement sa pensée. Il n'y a de barbares que ces mots et ces tours qu'imagine l'impuissance ou la paresse pour ne savoir pas trouver le mot propre, ou s'éviter la peine de le chercher dans l'inépuisable magasin de la langue. Il se présenterait de lui-même si l'on commençait par se rendre bien maître de sa pensée, par l'approfondir, par en avoir une claire et complète perception. Un mot vague, qui a l'air de dire quelque chose et qui ne dit rien, coûte moins à inventer. Quelquefois aussi la pensée est commune; on croit l'ennoblir par une expression qui n'a pas la roture de l'usage. En somme, toutes les règles du langage peuvent se réduire à une seule : bien parler et bien écrire, c'est bien penser. Le travail sur les mots est stérile; la pensée seule est créatrice. Les langues ne se corrompent que lorsque les esprits dégénèrent. Pourquoi la vieille critique est-elle morte? parce qu'elle ne s'occupait plus que des mots. Elle avait raison de les vouloir purs, harmonieux, corrects; elle avait tort de refuser à une pensée neuve le droit de s'exprimer par une tournure ou par une image nouvelle. La critique classique de notre époque, débarrassée des vieux préjugés, peut rendre les plus grands services à la langue, à une seule condition : celle de ne jamais condamner un mot comme nouveau, un tour comme inusité, sans démasquer sous ce tour ou sous ce mot l'idée fausse qui s'y cache, la pensée incomplète et mal digérée qui s'en couvre.

Quant à cette sorte de critique que j'ai cru pouvoir nommer la critique de fantaisie, ce n'est pas une critique à proprement parler. Les œuvres qu'elle examine ne sont pour elle qu'une occasion d'exprimer ses propres idées, de donner un libre essor à son imagination : grande ressource dans bien des cas, manière honnête d'éluder l'objet spécial de la critique, lorsque, par mille raisons qu'il serait trop long d'indiquer ici, on aime mieux se dispenser de porter un jugement. Souvent le public y gagne et rarement il y perd; tel article de journal, dans son cadre resserré et sous sa forme légère, a cent fois plus de portée que le gros livre dont le titre lui sert de prétexte. La pierre à fusil est froide et sèche; frappez-la contre le fer, l'étincelle en jaillit. C'est déjà quelque chose de n'avoir pas à lire tant d'ouvrages pour y recueillir peut-être à grand'peine un très-petit nombre de renseignements utiles, de vues heureuses. La critique fait ce travail et y ajoute un développement auquel l'auteur n'aurait jamais pensé. Ce n'est qu'un mot quelquefois qui, sous la plume du spirituel commentateur, s'étend, s'éclaircit, et jette tout à coup une vive lumière. Ingrat public! que d'idées ne doit-il pas à ces pionniers infatigables que, sous le nom de journalistes, il se croit trop souvent en droit de mépriser! Que de notions d'histoire, d'archéologie, de politique, que de leçons de goût ne recueille-t-il pas sans autre peine que celle d'ouvrir son journal! Le temps les emporte, ces feuilles légères, avec tout ce qu'elles contiennent d'ingénieux, de piquant, de vrai. Lors même que l'on veut en composer des recueils, la marque du jour y est trop attachée; je ne sais quoi de passager y flétrit trop vite des trésors d'esprit et d'imagination. Que de La Bruyères sont enfouis dans les catacombes du journalisme! quelle dépense d'idées! quel déploiement de toutes les richesses du style!

Voyez ce pauvre critique obligé de faire son métier hebdomadaire et de parler d'une pièce où rien ne l'a ému : que fera-t-il? qu'aura-t-il à dire? Pendant qu'il cherche, un rayon de soleil brille dans sa fenêtre, une rose s'épanouit dans le jardin qu'il a sous les yeux; un incident de la vie commune, un souvenir triste ou joyeux ouvre à son esprit l'horizon : il a son idée; il la tient; ô bonheur! vite sa plume et son encrier; le papillon s'envolerait! Et de sa bouche va sortir un fleuve de paroles aux mille couleurs qui déborderont dans ce feuilleton qu'il désespérait tout à l'heure de remplir.

Et la pièce dont il s'agit de rendre compte, qu'en dira-t-il? Il n'importe guère au critique qui l'a oubliée, et moins encore au public qui n'a pas envie de la revoir, même en abrégé.

D'autres, il est vrai, s'acquittent avec plus d'exactitude et de ponctualité de leurs devoirs d'annalistes du théâtre, travail difficile et ingrat! Une bonne analyse est une des œuvres les plus méritoires de l'esprit. Clarté, goût, jugement, tout y est requis avec une parfaite abnégation de soi-même. Quel est le mauvais auteur d'un mauvais livre ou d'un mauvais drame qui ne se place fort au-dessus de son critique? Et le public, sans y réfléchir, partage assez l'opinion de l'auteur. Il n'arrivera guère qu'un feuilleton qui l'a amusé vaille dans son estime le livre ou la pièce qui l'a ennuyé.

Mais, quelque chemin que prenne la critique et quelque but qu'elle se propose, un point est gagné : on ne l'entend plus blasphémer étourdiment contre la gloire si bien méritée de nos vieux classiques. Si favorable qu'elle soit à l'art du jour, elle ne se croit plus obligée de dénigrer l'art d'autrefois. Une admiration bien sentie a pris la place d'une imitation maladroite. On ne dit pas: Faites des vers à la façon de Racine, modelez vos pièces sur les siennes, donnez-nous des Achilles amoureux et des Turcs galants. Le type est épuisé. On lit Racine; on l'aime pour lui-même. Déjà c'est un ancien. Les commentateurs et les scholiastes apparaissent. Un zèle, poussé jusqu'à la superstition, s'attache aux œuvres de nos grands écrivains, en recherche avec curiosité et tâche d'en reproduire fidèlement le texte authentique, l'augmente même, si c'est possible, de morceaux inédits qui trop souvent, hélas! grossissent les volumes sans ajouter beaucoup à la valeur de l'œuvre. Tout est bon, tout est recueilli. Toute découverte dans ce genre est célébrée comme un événement littéraire. Nous n'avions pas assez de lettres de Voltaire et de sermons de Bossuet! On fouille les dépôts publics, on se fait ouvrir les archives particulières des familles, on ramasse jusqu'aux dernières paperasses des cabinets d'amateurs. C'est à désirer, quelquefois, qu'un bon et général incendie fasse justice de ces miettes du festin littéraire, recherchées avec trop de complaisance, et défende la gloire de nos écrivains et de nos poëtes contre ces publications indiscrètes. Nous aurons bien gagné quand on aura ajouté aux deux volumes de La Bruyère trois ou quatre billets inintelligibles ou insignifiants! Laissez ces bribes aux collecteurs d'autographes. Manuscrit, c'est quelque chose; imprimé, ce n'est rien. Des œuvres complètes, nous n'en avons que trop. On peut passer à la gloire de l'auteur du *Cid*, des *Horaces* et de *Cinna* l'éternelle reproduction de douze volumes, dont la moitié au moins ne se lit pas; mais ne serait-ce pas un vrai malheur si quelque fanatique de Corneille, mettant la main sur un *Attila* ou sur un *Agésilas* de plus, prétendait nous en gratifier?

Un autre danger est à craindre. L'imprimerie semblait avoir mis nos classiques à l'abri des incertitudes et des variétés de leçon auxquelles la main de tant de copistes négligents ou maladroits exposait les œuvres des anciens. Nous lisions avec confiance les textes lus par nos pères. Des chercheurs, dont il faut louer la patience, mais redouter quelquefois le scrupule excessif, ont réussi à jeter le doute sur quelques-uns de ces textes les plus répandus. Les variantes se sont multipliées. Chaque éditeur préférant sa version et la défendant à grands renforts d'arguments et de probabilités, on finira par ne plus savoir quelle est la bonne et la vraie. Nous retomberons dans les interminables disputes des éditions *Variorum*. Par une route tout opposée on reviendra, sans le vouloir, sans le savoir, à la manie de corriger, de changer, que l'on reproche à quelques-uns des éditeurs du dernier siècle. La passion de l'exactitude conduira à l'infidélité. Il y a aussi de l'arbitraire dans le choix des textes, et le désir de faire mieux ou de faire autrement que les autres peut très-bien tromper l'éditeur qui se pique le plus de fidélité. Bientôt nous aurons autant de Pascals qu'il y aura d'éditeurs de ses *Provinciales* et de ses *Pensées*, et voilà qu'un gros orage menace les *Essais* de Montaigne, si souvent réimprimés depuis près de trois siècles. On était à peu près d'accord de s'en rapporter à sa fille d'alliance, Mlle de Gournay; une voix s'élève et déclare qu'une complète et fidèle édition des *Essais* est encore à faire. Heureux ceux qui n'ont pas une conscience littéraire si scrupuleuse! Ils ne sont pas exposés au chagrin de se demander si c'est le vrai Pascal et le vrai Montaigne qu'ils ont tant lu et tant admiré!

La biographie a eu aussi ses excès; je ne parle plus de la critique, mais des ouvrages spécialement consacrés à l'histoire des écrivains célèbres. L'amour des détails ne connaît plus de bornes, et pendant que d'un côté on rattache à la vie d'un philosophe ou d'un poëte toute l'histoire de son siècle, de l'autre on nous fait pénétrer jusque dans les habitudes les plus indifférentes de son existence domestique et privée. Hommage rendu au génie, soit! L'hommage n'en vaudrait que mieux peut-être s'il s'arrêtait à la porte de la garde-robe. Voyez avec quelle sobriété Voltaire a écrit la vie de Molière! C'est l'œuvre d'un écrivain qui est l'essentiel dans sa vie. C'est l'œuvre qu'il faut éclaircir et commenter par l'homme, et non l'homme qu'il faut chercher dans l'œuvre. L'homme passe et meurt; l'ouvrage, s'il est bon, reste et vit. Mille générations y puiseront l'instruction ou le plaisir. L'idée a sa valeur par elle-même; elle est autre chose, elle est plus que la simple manifestation des qualités d'une âme humaine; et quant à ces circonstances de la vie qui sont partout à peu près les mêmes, elles n'ont pas plus de droit à l'histoire dans la vie de Descartes ou de Bossuet que dans celle du premier venu.

Pour ne rien omettre, nous signalerons encore certains caprices d'opinion et de goût qui s'efforcent tantôt de tirer de l'oubli des noms à très-bon droit obscurs, tantôt d'y plonger des œuvres justement célèbres. Voltaire aurait-il pu prévoir qu'un jour viendrait où ses œuvres dramatiques et sa *Henriade*, dont il était si fier, seraient classées parmi les plus faibles de ses ouvrages, et que bien des gens refuseraient le nom de poëte à l'auteur de *Mérope* et de

Zaïre? Singulier retour des choses d'ici-bas! Il faut du courage pour avouer que cette *Henriade*, tombée si bas dans l'estime de quelques personnes, on l'a lue avec plaisir et plus d'une fois. Le paradoxe dépasserait toutes les bornes, si l'on ajoutait que, sans entrer en comparaison avec les grandes compositions épiques, anciennes et modernes, la *Henriade* n'en est pas moins un des beaux ouvrages de la langue française. Voltaire n'aurait-il pas bien du malheur pourtant d'être exclu du nombre des poëtes, quand il n'aurait fait que ses *poésies légères*, chefs-d'œuvre d'esprit, de naturel et de grâce?

D'autres jours, c'est la morale qui prend le dessus et déploie une rigueur inflexible. Nos pères n'avaient pas l'oreille si délicate; leur pudeur n'était pas si susceptible sur les mots. A l'école de Rabelais et de nos vieux conteurs, ils avaient appris à ne pas trop s'effaroucher d'un son hardi, d'une image un peu libre. Notre critique a des sévérités inouïes que suivent, il est vrai, des indulgences extraordinaires. Une expression un peu trop franche lui fait monter la rougeur au front, tandis qu'une théorie qui frappe au cœur la société et renverse le principe même de toute moralité, pour peu qu'elle affecte des formes sérieuses et dogmatiques, s'introduira avec la permission et le passe-port de la critique dans les cabinets de lecture les plus populaires. Molière a bien fait de venir en même temps que Port-Royal et que Bossuet. Il est douteux qu'aujourd'hui la société comme il faut lui passât le ruban d'*Agnès* et la grande scène du *Tartufe*. C'est de l'art pourtant, de l'art suprême! Et si l'art ne justifie pas tout, au moins est-il vrai qu'il relève et qu'il ennoblit tout. L'effronterie seule et la grossièreté lui seraient mortelles.

Après avoir parlé de la critique proprement dite, ne serait-il pas juste de dire aussi quelques mots de ces comptes rendus, si utiles et si multipliés, que cent journaux publient ou reproduisent d'un bout du monde à l'autre, et par l'entremise desquels on assiste à tout, on voit tout, rapides comme les chemins de fer, se divisant comme des canaux et portant un peu de fraîcheur d'esprit et de rajeunissement d'idées jusque dans les retraites les plus mortes et

les plus fermées à la civilisation? Qu'une exposition universelle ait
lieu à Paris, universelle par son objet, le serait-elle par ses résul-
tats, si les journaux ne lui ouvraient leurs colonnes? Qu'est-ce que
la foule de ceux qui peuvent voir comparée à la foule de ceux qui
peuvent lire? Tout le monde y viendra, dit-on. Grande hyperbole
sans les journaux! Par eux seuls l'Exposition universelle répond
vraiment à son nom et le bazar du Champ-de-Mars est devenu le
rendez-vous des curieux et des intéressés de toute la terre. Ces pa-
godes et ces mosquées, ces jardins aux eaux toujours fraîches, aux
pelouses toujours vertes, ces musées d'art et, à côté des musées,
ces vitrines où brillent les pierreries les plus précieuses détachées
pour quelques jours des fronts qu'elles décorent, où éclatent l'or
et l'argent moulés et ciselés de cent façons différentes; tapis, por-
celaines, étoffes aux mille nuances, meubles de luxe et meubles
d'usage, richesses et produits de toutes les nations, grâce aux
comptes rendus des journaux, vont faire pendant six mois le spectacle aussi varié qu'instructif de l'étranger dans son pays où le retiennent la longueur et les frais du voyage, du bourgeois dans sa
petite ville qu'il ne quittera pas, du solitaire dans le coin où son
humeur l'enferme. Cette jeune Française, éloignée de Paris qu'elle
embellissait et qu'elle regrette, pourra croire un moment qu'une
fée gracieuse l'y a transportée d'un coup de sa baguette et que ces
parures de si bon goût se déploient pour elle. Son journal à la
main, elle verra passer sous ses yeux les merveilles de ces galeries,
trop heureuse de croire s'y trouver elle-même avec ses amis et sa
famille; touchant souvenir de la patrie! douce illusion à laquelle
un simple compte rendu de journal donne presque le charme saisissant de la réalité!

Ainsi spectateurs et lecteurs, admis tous à l'Exposition, s'élève-
ront jusqu'à la pacifique et civilisatrice pensée qui en a conçu le
plan, qui y préside et invite tous les peuples à remplacer les jeux
meurtriers de la guerre par la bienfaisante rivalité de l'industrie et
des arts.

Rien n'échappe au compte rendu. Voyages, histoire, découvertes scientifiques, tout ce qui resterait enfoui dans d'innombrables volumes et serait perdu pour le grand nombre, le compte rendu l'analyse, l'abrége, le popularise; pas un fait nouveau n'est signalé, pas une invention utile ne reçoit l'approbation des juges compétents, qu'il n'en avertisse aussitôt le public. L'astronome ne jouit plus seul de la planète dont le calcul ou son télescope lui a révélé l'existence dans le ciel. A peine aperçue, la planète devient comme une propriété publique. L'astronome ne s'en plaint pas; son nom est dans toutes les bouches; sa planète est une terre nouvelle, et il en est le Christophe Colomb. Par là s'établit en fait d'art, d'industrie et de science, un inoffensif et glorieux communisme. Le progrès d'une nation devient immédiatement le progrès de toutes les autres. Un ordre nouveau commence où tout un peuple ressentira la souffrance d'un de ses membres, et tout l'univers la souffrance d'un peuple. A l'égoïsme individuel, cette plaie du monde, se substituera le légitime égoïsme de l'humanité attaquant le mal par des efforts combinés et multipliant le bien par le partage qui s'en fera entre tous. Sont-ce là des chimères et des rêves? Non, s'il y a une providence qui ait donné la fécondité à la sueur de l'homme, et une justice qui ait promis la récompense au travail et à la peine!

Comment, monsieur le Ministre, dans un tableau de la marche et des progrès de la littérature en France depuis vingt-cinq ans, aurait-il été possible de passer les journaux sous silence? Rien ne s'est fait, rien ne se fera à l'avenir sans eux. Ils ont survécu à tout, même à leurs fautes, quelque grandes qu'elles aient été. Revues et journaux sont devenus la nourriture intellectuelle, le pain de chaque jour d'une multitude innombrable de lecteurs. On pourrait presque les ranger parmi les choses de première nécessité. Instruments de tout progrès, ils sont, à quelques égards, le progrès lui-même. A côté des sévérités qu'ils méritent trop souvent, que justice aussi leur soit rendue! On se plaint de leur inexactitude, de leur partialité, de la légèreté avec laquelle ils parlent de ce qu'ils savent et quelquefois de ce qu'ils ignorent : que l'on mette en regard tout ce qu'ils ont détruit de préjugés et d'erreurs, répandu d'idées saines et de connaissances utiles; que l'on veuille bien calculer tout ce qu'il faut aux écrivains des journaux et des revues de justesse dans l'esprit, de promptitude dans le coup d'œil, de clarté dans le style, pour mettre à la portée de tant de milliers de lecteurs comme un résumé perpétuel de ce qu'enfantent chaque jour les lettres, les sciences et les arts! Combien y a-t-il de gens, parmi ceux mêmes qui semblent faire le moins de cas des journaux, qui ne lisent pas autre chose et ne savent que ce qu'ils ont appris par eux ! S'il est vrai que la lecture facile de ces feuilles légères nuise aux longues et fortes études, n'est-il pas vrai aussi que l'ignorance ne résiste pas à la lumière incessante qui en sort ? La littérature n'a point d'organes plus populaires, et j'ai cru répondre à l'intention de Votre Excellence en leur donnant une place dans cette partie de mon Rapport où je devais apprécier la critique de notre temps.

Permettez-moi en terminant de vous présenter, monsieur le Ministre, quelques réflexions générales sur le caractère de la littérature actuelle, sur son état présent et sur son avenir.

La littératur classique est finie. Essentiellement aristocratique de sa nature, son temps est passé; par sa perfection même, et par la délicatesse de ses détails, elle n'est plus de notre époque. Les chefs-d'œuvre qu'elle a produits vivront à jamais; il n'en paraîtra plus d'autres, à moins d'un de ces grands renouvellements du monde qui commencent par la barbarie pour revenir, après de longs siècles de ténèbres, à l'âge du goût privilégié et des littératures d'élite. Quand on parle de progrès, il faut s'entendre. Le progrès non interrompu en fait de littérature n'est qu'une chimère, je l'ai déjà dit, si l'on s'imagine que les lettres peuvent croître et se développer indéfiniment par le goût, la politesse, le fini, et s'élever dans l'échelle du beau sans jamais retomber au-dessous de ce qu'elles étaient. Il y a toujours eu des siècles à part, que l'on pourrait appeler les siècles heureux, tant ils ont été favorisés par une réunion de circonstances uniques. Ils s'éteignent, et le flambeau ne se rallume plus qu'à un long intervalle. La Grèce, cette mère féconde des lettres et des arts, n'a pas eu deux Homère, deux Platon. deux Phidias, quoiqu'elle ait produit plus d'une génération de poëtes, de philosophes et d'artistes, et qu'aucune nation n'ait gardé aussi longtemps qu'elle l'empire de l'esprit et du goût. Rome n'a pas eu deux Cicéron, deux Horace, deux Virgile. Michel-Ange, Raphaël Le Tasse et l'Arioste sont restés uniques en Italie. La France a eu son siècle de Louis XIV, précédé, par un rare privilége, du siècle de la Renaissance et suivi du siècle de Montesquieu et de Voltaire. Trop de causes doivent concourir pour faire éclore ces âges d'or : une cour comme celle d'Auguste ou de Louis XIV, une démocratie comme celle d'Athènes, plus aristocrate par la finesse de ses organes et la délicatesse de son goût que l'aristocratie elle-même; une certaine fermentation dont le principe nous échappe et qui fait germer à la fois une moisson d'esprits du premier ordre dans tous les genres; du loisir pour attendre l'inspiration et ne travailler que sous son influence; un amour de l'art pur généralement répandu; un désir de gloire, d'avenir, d'immortalité, que les besoins du présent n'étouffent pas sous la nécessité de percer, de se faire connaître et de vivre.

Et puis les grands sujets ne sont pas innombrables, les types s'épuisent, l'art même, qui les saisit et qui les fixe sous la forme la plus parfaite, les retranche du fonds commun; ils n'appartiennent plus qu'à l'artiste dont le ciseau, la plume ou le pinceau les a réalisés. *Phèdre* n'est plus que la *Phèdre* de Racine. *L'Avare*, *le Misanthrope*, sont à Molière. Bien hardi qui essayerait de les lui prendre! Le lieu commun sur la vanité du bonheur et des plaisirs de ce monde, de l'ambition, de la gloire, ne tentera plus que les sots après Bossuet. Refaites donc les oraisons funèbres de la veuve de Charles Iᵉʳ, de la duchesse d'Orléans et du prince de Condé! Voltaire, à lui seul, a dévoré ce qui aurait suffi à cent renommées. J. J. Rousseau, Bernardin de Saint-Pierre, Chateaubriand, ont

ramassé les dernières gerbes et nous ont à peine laissé à glaner.
Littérairement, la France est blasée, il ne lui reste qu'à jouir d'une
fortune toute faite; maussade bonheur! Nous mettrions plutôt le
feu à la maison, si c'était possible, pour avoir à la rebâtir.

. Que faire? Reproduire toujours les mêmes types en les affaiblissant de plus en plus? Et pour qui? Le monde a changé. Ce ne
sont plus des salons, une cour, un public de cordons bleus, de
financiers et de grandes dames, des coteries littéraires ou philoso-
phiques qu'il faut contenter; c'est la foule, un peuple de quarante
millions d'hommes. Encore n'est-ce pas assez dire. La littérature
française, à l'heure qu'il est, dessert la démocratie universelle. Nos
romans et nos pièces de théâtre forment le goût et le cœur des
dames de Bukarest et de Moscou, en attendant le jour, qui n'est
peut-être pas très-éloigné, où l'on n'en voudra plus d'autres à la
Chine et au Japon.

Que la littérature classique reste donc comme l'exemplaire
éternel du beau dans l'art! qu'elle soit la ressource et qu'elle fasse
les délices de ces esprits qui ne goûtent que le parfait! Tout y est
durable et à l'épreuve du temps. Déjà la postérité l'a scellée de ses
suffrages. Encore bien peu d'années, et ce sera une antiquité nouvelle pour les générations qui vont nous suivre. Le grec et le latin
seront le partage des savants. L'homme bien élevé lira Corneille,
La Fontaine, Racine et Molière, comme nos pères lisaient Homère,
Horace et Virgile.

Une nouvelle littérature commence qui déjà remplace à peu près
et bientôt remplacera entièrement l'âge classique, littérature appro-
priée à notre temps et à nos mœurs, expression de la démocratie,
mobile comme elle, violente dans ses tableaux, hardie ou négligée
dans les mots, plus soucieuse du succès actuel que de la renommée
à venir, et se résignant de bonne grâce à vivre moins longtemps
pourvu qu'elle vive davantage dans l'heure qui passe; féconde et inépuisable dans ses œuvres, capable de fournir à la consommation
de tout un peuple, renouvelant sans cesse ses formes et essayant de

toutes, voyant naître et mourir en un jour ses réputations les plus brillantes; mais aussi riche, plus riche peut-être en talents divers que tous les siècles qui l'ont précédée! C'est un admirateur passionné des classiques qui le pense et qui ose le dire. Prenez les plus connus de nos gens de lettres actuels et transportez-les dans le milieu où vivaient La Bruyère chez le prince de Conti, Racine à Versailles, Voltaire à Ferney; qu'ils respirent le même air, qu'ils soient accueillis et fêtés du même monde, vous verrez bien que ce n'est pas le talent qui manque et l'esprit qui a baissé. On n'a plus le temps de polir une phrase, de la tailler comme une pierre précieuse. On n'a pas dix ans devant soi pour produire et achever un petit volume. Chaque année, chaque mois doit suffire à son œuvre. On ne vit pas d'une pension de la cour ou des revenus d'un bénéfice. Le public est pressé, le consommateur exigeant; il lit, il ne relit pas. Le succès d'une pièce nouvelle a promptement besoin d'être rajeuni par un succès nouveau. La multitude a soif d'émotions et cherche avidement dans tout ce qui est neuf une sensation qu'elle n'ait pas encore éprouvée; par la force même des choses, l'art s'est transformé en une industrie, la première et la plus noble de toutes par son objet. À l'œuvre! la machine souffle, la roue tourne, à l'œuvre! À la vérité, ces tissus brillants se faneront vite; la trame en est légère et la couleur peu solide. Ces étoffes grossières ne résisteront pas longtemps à l'usage des corps nerveux auxquels elles sont destinées; si elles coûtent peu, elles ne dureront guère. En attendant, riches et pauvres auront eu ce qu'ils demandaient. Aujourd'hui est pourvu: demain suffira à sa peine.

Faut-il se plaindre de ce nouveau rôle de la littérature et lui en faire un crime? N'est-elle pas faite avant tout pour être de son temps? Elle recueillera moins de gloire, soit! N'aura-t-elle pas plus de services à rendre? Sont-ils si regrettables les siècles où la littérature n'était qu'un plaisir délicat, et les gens de lettres que les amuseurs du grand monde? Ne faut-il pas plutôt relever la littérature à ses propres yeux en lui montrant la grandeur de sa mission nouvelle? Le but qui lui est proposé, n'est-ce pas l'émancipation d'une race entière d'hommes qui ne comptaient pas jusqu'ici dans la civilisation? N'a-t-elle pas les derniers restes de la barbarie à dissiper et tout un monde d'âmes et d'esprits à affranchir de l'ignorance? Personnellement, l'écrivain y perdra peut-être; sa vie sera moins douce, sa renommée moins durable. Les œuvres individuelles périront, l'œuvre générale ne périra pas! L'élite des esprits sera moins brillante; mille et mille esprits sortiront de leur indigence intellectuelle et, dans ce genre aussi, la petite propriété, héritant de la grande, deviendra le plus ferme rempart de la société, qui n'est mise en péril que par ceux qui ne possèdent rien dans le champ des connaissances et des idées. Vos noms pourront être condamnés à l'oubli; un siècle plus heureux ne se souviendra pas de vos labeurs et de vos services; mais ce siècle, c'est vous qui l'aurez fait naître. Chaque pensée, chaque notion vraie est un grain que vous semez dans la plus fertile des terres; il ne croîtra pas pour quelques-uns seulement, il fructifiera pour tous et rapportera cent pour un.

Mais aussi est-il vrai qu'un mauvais livre aujourd'hui, un livre immoral, impie, antisocial, est cent fois plus que jadis une mauvaise action. Jamais la responsabilité des écrivains n'a été si grande. Un Crébillon le fils dans le dernier siècle, un Diderot, un Parny, pouvaient croire et se dire à eux-mêmes que ceux pour qui ils écrivaient n'avaient rien à perdre en les lisant. Voltaire lui-même, par la plus singulière des erreurs, a pensé toute sa vie et répète à chaque page de sa correspondance qu'un système philosophique, quelque monstrueux qu'il soit, est la chose du monde la plus innocente; selon lui les spéculations d'un philosophe, loin de troubler l'ordre du monde, ne descendent pas seulement de sa mansarde au premier étage, et restent parfaitement inconnues de son quartier. C'est l'excuse dont il couvre les théories insensées d'un d'Holbach ou d'un Lamettrie, et avec laquelle il se rassurait peut-être lui-même. La méprise était énorme : la Révolution française ne l'a que trop prouvé. Pas un crime n'a été commis qui n'ait pris sa source dans une de ces théories, si inoffensives aux yeux de Voltaire. De malheureuses phrases contre les prêtres et les rois, sorties de la plume d'un rhéteur qui ne les destinait qu'à être applaudies dans un souper, vingt ans plus tard armaient des mains meurtrières. Le sang coulait à l'Abbaye, aux Carmes; les églises étaient fermées ou profanées, les prêtres massacrés ou en fuite, la royauté abolie; le roi portait sa tête sur l'échafaud. Ces grands seigneurs que charmaient les paradoxes de leurs sophistes n'avaient pas réfléchi qu'un peuple de domestiques, debout derrière leurs fauteuils, ne perdait rien de ce qui se disait à la table. Ces jolies dames n'avaient pas songé que ces romans et ces livres qu'elles laissaient traîner dans leurs boudoirs et sur leurs tables de nuit, leurs femmes de chambre les lisaient, et qu'en imitant leurs modes on se faisait une distinction d'imiter aussi leur hardiesse de sentiments et de mœurs. Rien de si contagieux que la pensée! Elle coule et se répand par mille canaux inconnus. Celui qui croit ne l'avoir confiée qu'à l'oreille de quelques amis la retrouve avec effroi dans son village : elle l'a devancé et l'attend à la porte de son château avec des faux et des torches. En France, surtout, de la pensée à la parole, de la parole à l'action, à peine y a-t-il le temps qu'il faut à l'éclair pour fendre le ciel d'un bout de l'horizon à l'autre.

Que serait-ce aujourd'hui que les écrivains ne s'adressent plus à un petit nombre de lecteurs protégés du moins contre l'erreur par leurs intérêts, leurs lumières, par leur frivolité même, mais aux masses. qu'enflamme aisément l'espoir d'un sort meilleur et qui prennent tout au sérieux? Si l'on parvient une fois à leur persuader qu'il n'y a ni Dieu, ni vie future, ni justice à venir, et que la jouissance de l'heure actuelle est tout, comment croire qu'elles n'exigeront pas leur part immédiate de cette jouissance et qu'on les arrêtera par un froid *ce n'est pas possible?* Quand elles auront brisé le joug de la foi, qui ne sera plus pour elles que le joug de la superstition, respecteront-elles davantage celui des lois? et quand elles ne verront plus dans la religion que l'intérêt des prêtres, seront-elles bien loin de ne voir dans les maximes sociales les plus sacrées que l'intérêt des riches, dans la morale qu'un frein ridicule à leurs plaisirs? Ah! si l'écrivain qui produit un livre licencieux et l'éditeur intéressé qui le répand pouvaient être témoins de tout ce que la lecture de ce livre enfante de dérèglements dans les imaginations, de désordres dans les familles, de malheurs et de crimes, leurs remords vengeraient suffisamment la justice : ils n'auraient pas besoin d'une autre punition.

Dieu merci, les livres qui s'adressent aux grossières passions sont rares aujourd'hui, plus rares, je le crois, que jadis. Aucun écrivain de quelque valeur ne voudrait se déshonorer en y attachant son nom. Mais d'autres livres, plus sérieux par le fond et par la forme, ne courent-ils pas le risque d'aboutir à des effets pareils? Pour établir ce que l'on croit une vérité, vérité de pure théorie souvent ou du moins toujours contestable, faut-il s'exposer à ébranler d'autres vérités qui sont le fondement même de l'ordre public et de la vie sociale? Un système n'intéresse guère le commun des hommes que par les conséquences morales et pratiques qu'ils en tirent; malheur à qui leur fournit, fût-ce sans le vouloir, un prétexte pour fermer l'oreille au cri de leur conscience et lâcher la bride à leurs désirs! Écrivains, qui êtes aujourd'hui à vous-mêmes votre police et votre censure, qu'un sentiment de délicatesse et d'honneur vous engage donc à redoubler de vigilance sur vos œuvres, à peser sévèrement tout ce qui sort de votre plume, à calculer d'avance le plus éloigné retentissement que peut avoir un mot malheureux, une erreur qu'accrédite le prestige du talent!

Pour la première fois, l'humanité a entrepris une grande et terrible expérience; la lutte est libre entre le bien et le mal, entre l'erreur et la vérité : expérience insensée, si ceux qui la tentent n'avaient pas une foi profonde dans l'ascendant victorieux du bien sur le mal, de la vérité sur l'erreur! Une lutte de ce genre a nécessairement ses alternatives. Quelquefois c'est le mal et l'erreur qui semblent tout près de l'emporter : on s'effraye, on se décourage, on se demande si ce que l'on avait cru un progrès n'est pas une décadence.

Ayons meilleur espoir. La décadence n'est qu'apparente, le progrès est réel. L'esprit humain est en travail. Depuis quelques années il a tourné, sans déchoir, sa principale activité du côté de l'industrie, des sciences et des arts pratiques. Les merveilles qui éclatent dans le palais de l'Exposition universelle prouvent assez que ses efforts n'ont pas été vains. En quinze ans, la face de la France a été renouvelée : ses villes ont été agrandies et assainies ; Paris est devenu la première ville du monde ; des chemins de fer sillonnent notre territoire d'une extrémité à l'autre et ne laissent pour ainsi dire plus de distance entre ceux qui l'habitent. L'aisance a pénétré partout : l'ouvrier, le laboureur, sont mieux vêtus, mieux logés, mieux nourris qu'ils ne l'étaient il y a peu d'années encore. Est-ce là, comme voudraient nous le persuader quelques esprits chagrins, un pur triomphe de la matière ? N'est-ce pas plutôt la matière qui, vaincue par l'esprit, se prête en esclave à tous les besoins de l'homme ? L'instruction a pris un essor qui la propage dans les moindres hameaux : c'est votre honneur, monsieur le Ministre, et on peut vous en adresser de justes remerciments sans craindre d'être soupçonné de flatterie. En voulant que les lettres et les sciences eussent leur exposition à côté de l'industrie, et que leur marche et leurs progrès fussent signalés au public dans des rapports dont la réunion formera une véritable histoire des sciences et des lettres en France depuis vingt-cinq ans, vous leur avez témoigné un intérêt et une confiance qu'elles méritent. Elles en seront à bon droit reconnaissantes, les lettres surtout, envers lesquelles on est trop souvent injuste. Sans être triomphantes comme au temps de Voltaire, ou belles d'une beauté aussi pure qu'à l'époque classique, elles aussi elles ont travaillé et pris une grande part à l'élan de la civilisation. Rien ne leur est plus favorable qu'un gouvernement à la fois pacifique et glorieux. Il ne dépend pas des souverains de faire éclore le génie. Ce n'est pas Auguste qui a fait naître Horace et Virgile, et la France ne doit pas à Louis XIV Racine et Molière. Mais les lettres ne se développent que sous un gouvernement qui les aime et qui les honore. L'Empereur les honore et les aime. Il fait mieux que de les protéger de tout son pouvoir, il les cultive de cette main qui a signé les traités de Paris et de Villa-Franca. Jamais le talent, même le plus modeste, n'a trouvé auprès de ceux qui gouvernent plus de faveur et d'appui. Une ère nouvelle commence; je suis de ceux qui ont foi dans l'avenir!

Il est temps, monsieur le Ministre, de céder la parole à mes collaborateurs. En lisant leurs rapports, vous reconnaîtrez, j'en suis sûr, qu'ils ont dignement répondu à votre appel et noblement servi cette cause des lettres, dont vous avez voulu qu'ils fussent les représentants et les organes dans cette occasion solennelle.

S. DE SACY

(De l'Académie française).

RAPPORT

SUR

LE PROGRÈS DES LETTRES.

(ROMANS.)

AVANT-PROPOS.

Narratur ad probandum.

La Comédie a dit d'elle-même : *Castigat ridendo mores.* Le roman n'a point encore mérité l'honneur d'une devise latine. Si j'étais chargé de lui en trouver une, je prendrais trois mots parmi les six inscrits par M. de Barante en tête de son Histoire des Ducs de Bourgogne, et je dirais : *Narratur ad probandum.*

Le roman est essentiellement histoire sous son vêtement de fictions. Il procède comme l'apologue, avec cette différence que sa fable, son *dire*, doit être la vérité même du fait d'où la morale se dégage d'elle-même; il « prouve en racontant : » c'est là son unique raison d'être.

De nos jours, les foules, qu'elles soient noblesse, bourgeoisie ou peuple, ont la gloriole de ne plus se laisser prendre aux beaux yeux de la morale spéculative. Nous prétendons savoir sur le bout du doigt tout ce qui peut être matière à ser-

mou ou prétexte à dithyrambe. Il semblerait que trop de voix
ont chanté à nos oreilles rebattues les fiertés de l'honneur, le
respect de la famille et même l'amour de la patrie.

On dit pourtant que la mode est sur le point de changer et
que ces sublimes vieilleries vont renaître grâce au miracle
des beaux vers; Dieu le veuille! Pour ma part, j'écouterai
toujours avec respect l'avocat des grandes causes éternellement gagnées; mais il est certain que, dans ces derniers
temps, il nous a fallu, et qu'aujourd'hui encore il nous
faut, pour notre consommation de tous les jours, une morale
moins haute et moins banale aussi. La beauté trop connue
des maximes héroïques obsède l'esprit, quand on en abuse,
comme la chanson d'Orphée elle-même arrive à exaspérer
l'ouïe, si on l'entend gémir à tous les coins de rue par la
vielle organisée.

Il serait dangereux de proscrire, pour l'amour de l'idéal
platonique, la morale moins élevée, mais plus usuelle, dont
les enseignements se peuvent appliquer aux cas de conscience
de notre vie bourgeoise. Outre que l'ambroisie ne saurait remplacer le vin de ménage, l'idée de mérite et de démérite importe vraiment assez peu au positivisme avoué de notre siècle;
ce qui nous frappe, c'est bien plutôt l'idée de profit et de
perte. Je ne crains pas d'affirmer que la meilleure moralité
d'un livre, au temps où nous sommes, consiste à montrer tout
simplement la perte qui incombe au mal, le profit que réalise
le bien.

C'est ce que j'appelle *prouver en racontant.*

Et c'est en ce sens que tout roman est pour moi *historique* dès qu'il révèle, qu'il constate ou qu'il témoigne, dès qu'il a, en un mot, une valeur comme récit, quand même il ne toucherait en rien au domaine proprement dit de l'*histoire*.

Moyennant cette condition historique, dont ne se rendent compte peut-être ni ceux qui le méprisent, ni ceux qui le fêtent, le roman, chose frivole en apparence, s'est frayé un chemin plus large que bien des choses en apparence sérieuses. Il tombe malade parfois de ses propres excès, mais sa fortune est d'avoir des ennemis. Quand ses ennemis le voient ainsi chanceler, ils le foudroient et cela le ressuscite.

Dans ce dernier quart de siècle, il faut le dire, les ennemis du roman ont trop souvent lancé leurs foudres : aussi a-t-il grandi outre mesure et conquis une importance qui étonne. Le théâtre, voyant ce ruisseau grossi à la taille d'un fleuve, y a pratiqué d'abondantes et ingénieuses rigoles, amenant chez lui, sans fierté déplacée, le trop-plein de son voisin parvenu. Quelques esprits moroses ont crié au voleur, quelques joyeux tempéraments ont répondu : « Je prends mon bien où je le trouve, » et les choses ont continué leur cours paisible, le roman inventant, le théâtre empruntant.

J'ajoute que rien au monde n'est plus naturel. Le théâtre, forme suprême de l'invention littéraire, a rarement eu d'autre mission que de frapper à son coin puissant le métal fondu par autrui.

Le Roman moderne doit accepter ce rôle de panier d'Ennius. dont le dessus est la grande œuvre de Balzac, et garder pour lui seulement le droit de dire, sans amertume ni orgueil, que presque tous les drames de ce temps-ci et une notable part des comédies ont « trouvé chez lui leur bien » et ont eu raison de l'y prendre.

RAPPORT

sur

LE PROGRÈS DES LETTRES.

(ROMANS.)

————

I

L'influence du roman est considérable, croissante et prouvée surtout par les colères de ceux qui la déplorent. Il ne nous appartient point de la nier, non plus que de l'exalter. Elle existe, nous la constatons en tâchant de l'expliquer.

Le roman plaît au plus grand nombre parce qu'il ne monte jamais en chaire et qu'il devise au coin du feu. Il est camarade et non point maître. Les professeurs, attitrés ou non, qu'ils enseignent par la parole ou par la plume, qu'ils haranguent du haut d'un journal, d'une tribune ou d'un livre, groupent autour d'eux invariablement un auditoire de partisans convaincus d'avance, une clientèle, une école. On lit M. Tel, on vient écouter M. Tel, parce qu'on est de la classe ou de l'opinion de M. Tel. Ceci est l'évidence, et M. Tel instruit surtout les gens qui ont la ferme volonté de s'instruire.

Au contraire, le roman, qu'il soit vagabond ou gentilhomme, missionnaire ou aventurier, s'adresse à tous comme le plaisir. Il parle aux révoltés aussi bravement qu'aux convertis; sa langue est comprise à la fois par les raffinés et par les sauvages. On l'a ouvert

précisément parce qu'il promet non point l'étude, mais la récréation ;
il porte avec soi une bonne odeur de délassement et de vacances.
Son auditoire bienveillant ne lui demande rien sinon d'être atten-
drissant, terrible, curieux ou joyeux. Il chante, s'il veut, le can-
tique du progrès dans les salons du faubourg Saint-Germain et peut
fredonner *Vive Henri IV!* en plein logis d'un fils de Robespierre.

Découpant la rhétorique comme un mets, il laisse de côté
l'exorde, l'exposition, la confirmation et le reste, pour ne garder
que le principal du festin d'éloquence : la narration, le fait, la
chose qui provoque le rire, la terreur ou les larmes.

Aussi, autour de la table servie de cette façon séduisante, tous
ceux qui sont le mieux faits pour être séduits viennent s'asseoir :
les faibles et les jeunes, ceux que tente la curiosité, ceux dont le
cœur a besoin de battre. En regardant bien, nous reconnaîtrions
parmi les convives ce que nous aimons le mieux, la joie et l'honneur de nos foyers : nos fils, nos filles et nos femmes.

Tout cela vient au roman, parce que le roman est la légende
de nos temps, l'élément passionné de notre littérature, et aussi
parce qu'il en est le signe le plus courant et le plus familier. Sa
faculté de s'insinuer tient du prodige. Depuis que la presse pério-
dique lui a donné l'hospitalité, il est devenu le favori de la famille.
Ceux qui aiment la politique, le parcourent ; ceux que la politique
effraye, le dévorent, et dans ce partage de sympathies son lot n'est
certes pas à dédaigner. Voici même une chose singulière : il survit
au journal, son seigneur. Les cahiers de feuilletons circulent dans
Paris, débarrassés de cette bourre savante qui est le corps même
du *Moniteur universel*, des *Débats*, du *Constitutionnel*, de tous les
organes parlant haut et bien à un public d'élite. C'est le monde
renversé, j'en conviens, mais qu'y faire ? On a supprimé tout ce qui
est excellent et précieux : l'éloquence du rédacteur en chef, la
science de l'économiste, l'esprit du chroniqueur, le discernement
du critique ; on n'a gardé que la pauvre bande de papier racontant les amours de deux marionnettes.

On la cartonne religieusement, cette bande, on la préserve, on en guérit les déchirures comme si elle était billet de la Banque de France, et au bout de six mois, quand le haut bout du journal a déjà été enveloppe de paquet, chiffon jeté, ramassé, trié, vendu, pilé, moulé en feuilles, plié en mains, ficelé en rames et peut-être illustré de nouveau par le talent des mêmes honorables publicistes, l'humble bande continue d'aller son chemin, apprenant aux populations attentives comme quoi Gaston finit toujours par épouser Madeleine, — en dépit du sort injuste et cruel.

Je ne raille pas, Dieu m'en préserve. Chacun sait bien que ce mariage de Gaston avec Madeleine peut tirer à cent mille exemplaires tout le bien, tout le mal de l'univers.

II

Le roman, quoique son nom soit barbare et emprunté au langage vulgaire qui le distingue du poëme, a, comme toute forme littéraire, ses racines dans la pure antiquité; néanmoins, j'aurais défiance d'une généalogie, si savante qu'elle pût être, partant de *Daphnis et Chloé* pour aboutir à *L'Affaire Clémenceau*. Le roman antique n'était qu'une idylle ou qu'une satire philosophique, souvent saupoudrée d'obscénités; le roman moderne est un drame-apologue essentiellement humain, c'est-à-dire vivant par l'observation, qui est l'histoire inédite, ou par l'histoire écrite, qui est la série des faits que fixa l'observation.

Quoi que puissent dire ses détracteurs, c'est lui qui, dans le domaine de la fiction, a inventé la chasteté.

La filiation du roman-idylle s'arrête à l'*Astrée,* douce folie d'un siècle amoureux de courtoisies et de parfums, comme il semble que d'autres temps devaient être amoureux de sang et de fange.

La réaction moderne s'affirme surtout par la grande comédie de Cervantes, ensevelissant sous le rire le monde des emphases chevaleresques. Il y avait du bon, il y avait du beau dans ces choses tuées par l'immortel estropié de Lépante. Quiconque écrira un nouveau *Don Quichotte* pour guérir le ramollissement dont le goût moderne est malade devra remplacer la lance et la rondache du chevalier de la Manche par des ustensiles beaucoup plus vulgaires. Nous ne péchons plus par l'excès des galants raffinements, au contraire.

Cependant, c'était chez nous, en France, que se produisaient, moins célèbres, les premiers essais du roman. En dehors de la reine de Navarre, qui traduisait Boccace et les fabliaux d'Italie, *La Vraie histoire comique de Francion*, par Sorel, est un récit d'aventures très-ingénieux et très-observé, où poind déjà cette gaieté dont Voltaire abstraira plus tard la quintessence. *La Princesse de Clèves*, offrant une action plus solidement nouée et tournant autour de ce pivot que la langue technique du théâtre appelle une *situation*, inaugure le roman humain.

C'est déjà de l'histoire. *Télémaque* et *Les Mille et une nuits* retournent à la fiction par deux routes contraires; mais Lesage, héritier des ironies de Cervantes, est historique au plus haut degré. On se dit, en lisant son œuvre, si jeune après tant d'années : Ah! si Molière avait écrit un roman!

Il n'y a plus dès lors que de l'histoire. Fielding, Daniel de Foë, l'abbé Prévost et longtemps après Bernardin de Saint-Pierre, tous ceux qui restent vivants vivent par la réalité. Au contraire, les romans qu'on a appelés *poétiques* et qui, à la vérité, n'abordaient pas le champ de la poésie par ses meilleurs côtés, s'en vont mourant d'année en année. Où est La Calprenède, ce vainqueur? Et cette muse, Mlle de Scudéry? Où est Mme Cottin, et même, car la hauteur du talent ne sauve pas toujours, où est la lyre sonore qui chanta *Corinne ou l'Italie?*

Le terrain était préparé suffisamment, même avant l'auteur de *Clarisse Harlowe*, qui n'eut qu'un pas à faire pour entrer en plein roman moderne. Il fit ce pas, et donna la vie pour cadre à son tableau.

Je comprends l'admiration de Diderot, qui avait une vue si lucide de l'avenir, et l'admiration de Walter Scott, le maître des maîtres, pour Samuel Richardson. *Clarisse Harlowe* est le plus fatigant de tous les chefs-d'œuvre, mais c'est un chef-d'œuvre au point de vue de la conception. Jean-Jacques Rousseau l'imita sourdement, Laclos ouvertement, Goldsmith en sut extraire toute la saveur de son adorable récit, *Le Vicaire de Wakefield*, et on peut dire qu'à part Charles Dickens, tous les conteurs anglais ont puisé tour à tour dans ce prolixe trésor.

Mais si Richardson trouva l'idée du roman actuel, il était réservé à Walter Scott de lui donner sa forme dramatique ou, pour parler mieux, scénique. Walter Scott est en ceci, et à beaucoup d'autres égards encore, le vrai père de tous nos conteurs contemporains. Parmi les écrivains qui se sont créé une personnalité propre et très-accentuée, les plus éloignés de lui en apparence, les plus antipathiques à sa manière sont encore ses héritiers ou ses débiteurs. Balzac, qu'on lui oppose sans cesse, Georges Sand, qui suit souvent des routes si contraires à la sienne, ont emprunté à son œuvre la coupe, sinon l'étoffe, de leurs merveilleux récits.

Il y a cette objection banale : Walter Scott est un romancier historique. Je l'ai dit et ne saurais trop le répéter : Tous les romanciers qui ont une valeur sont des historiens. Ils n'auraient pas de valeur sans cela. La différence entre le roman historique de Walter Scott et le roman historique de Balzac, générateur plus immédiat de notre école, est très-apparente assurément, mais, au fond, presque puérile. Elle gît dans l'authenticité de certains noms et dans la date de certains faits. Balzac parle d'hier et Walter Scott de longtemps ; Balzac analyse les passions de M. X. qu'il nomme Grandet ou Séchard, Walter Scott peint en pied Louis XI, Cromwell ou Charles Ier. La question est de savoir si M. X. indépendamment du nom qu'on a pu lui donner, existe comme ont existé Louis XI ou Cromwell. Or, cela saute aux yeux ; vous avez vu M. X. vous le connaissez, vous l'aimez ou vous le haïssez : mettriez-vous le témoignage de vos sens au-dessous des certificats sur parchemin ?

Le roman, dont la mission est de *prouver en racontant*, cherche la vérité dans l'histoire morte, qui est « l'histoire » proprement dite, ou dans l'histoire vivante, qui est l'observation. La première est riche en graves enseignements; les enseignements usuels sont dans l'autre. Je ne voudrais pas jouer avec le sens des mots, mais il est certain pour moi que le roman qualifié historique est le moins historique de tous les romans. Balzac avait vu, Walter Scott n'avait pu que lire. Walter Scott puise aux sources, Balzac est lui-même une source, et si Balzac doit être mis au-dessus de Walter Scott, sa supériorité est d'avoir peint d'après le vif.

III

' Quand la génération à laquelle nous appartenons essaya son premier pas sur le terrain des lettres, il y avait un groupe de puissants romanciers populaires : Balzac, Georges Sand, Frédéric Soulié, Alexandre Dumas, Eugène Sue. Derrière eux se pressait une phalange où brillaient bien des noms de premier ordre : c'était le siècle d'Auguste du roman.

La popularité d'alors, je dois le dire tout de suite, différait de la popularité d'aujourd'hui, à tel point que maintenant nous devrions refuser à la plupart de ces beaux esprits le titre de romancier populaire.

L'auditoire acquis au roman s'est considérablement augmenté pendant les vingt-cinq dernières années, et le nombre des romanciers, suivant le mouvement, a pour le moins quintuplé. En toutes choses, la loi est que l'élargissement d'une surface amène l'abaissement proportionnel de son niveau.

Sauf de brillantes exceptions, la loi a eu son cours. Le roman, sous le rapport des idées et sous le rapport du style, s'est affaissé : j'entends le roman qui voulait à tout prix rester populaire, et les maîtres se sont peu à peu écartés, comme s'ils eussent ignoré la langue parlée au fond de ces couches sociales qui viennent d'apprendre leurs lettres et qui déjà épèlent.

Je crois sincèrement que ces lecteurs enfants ont les instincts nobles et généreux de l'enfance; mais le discernement n'est pas la qualité dominante à cet âge. Nous avons tous souvenir des contes à dormir debout qui bercèrent nos premières curiosités. Le vrai ne suffit pas à l'imagination qui naît : il faut le merveilleux.

Or, je ne sais si j'exprimerai bien cette pensée exacte, mais subtile : Les enfants dont je parle dédaignent l'ancien merveilleux; ils sont de leur siècle après tout, ils ne croient plus à rien de ce dont a ri Voltaire, qu'ils ne connaissent pas cependant. Le travail de tant d'intelligences exactes a déteint sur eux vaguement. Ils veulent que Ma-Mère-l'Oie leur radote ses histoires *sérieusement*, comme ces pauvres gens de Londres qui mettent de vieux habits noirs pour balayer les rues.

Ils veulent le costume qu'ils ont accoutumé de voir et non point la défroque empanachée de Riquet-à-la-houppe; ils veulent les maisons de leur quartier et non plus les palais fabriqués par la féerie; ils veulent Paris, en un mot, mais un Paris que Perrault se serait bien gardé d'inventer, un Paris à trappes, à doubles fonds, à prestiges, un Paris bourré de brigands comme la Calabre d'Anne Radcliffe, criblé d'oubliettes, hérissé de poignards, humide de poison, noir de sang, inondé de larmes; un Paris qui n'est nulle part, Dieu merci! pas même en Chine, et dont les maisons, équipées comme les théâtres où l'on joue le mélodrame, pendent au-dessus d'un fleuve rougeâtre, le long duquel deux files d'agents de police, aussi perfides que maladroits, sont payés pour regarder flotter des guirlandes de cadavres en carton-pâte.

Si Amadis de Gaule était fade, j'hésite à lui préférer Amadis du Bagne.

Mais en regard de la loi qui inflige à tout enfantement la souffrance, une autre loi proportionne la fécondité d'un travail à ses douleurs. Nous subissons un travail qui sera fécond, parce qu'il est douloureux. Le roman, vulgarisé dans le feuilleton, le feuilleton, multiplié par les livraisons à images, puis par les journaux à un sou, ces journaux-là eux-mêmes, qui semblaient être le *nec plus ultra* du bon marché, dépassés par le miracle de la petite presse quotidienne, ont créé des millions de lecteurs. Il ne faut pas s'inquiéter outre mesure des défaillances et des troubles qui attristent les premiers jours de cette révolution intellectuelle ; peut-être même y aurait-il injustice à prendre parti complétement pour la sévérité des lettrés à l'égard de ces livres, qui descendent complaisamment au-dessous des ignorances de la foule plutôt que de relever la foule jusqu'à la science ou jusqu'à l'art. Si défectueux qu'ils soient, ils auront aidé au mouvement général qui va vers le bien, suivant de providentiels détours. Je ne connais pas de mauvais alphabet. Que tout soit pardonné à la plus pauvre des pages si un seul homme ou un seul enfant y a trouvé le secret de la lecture.

Car, en ce sens, la plus pauvre des pages contient en germe tous les trésors de l'esprit humain.

IV

J'avais mes raisons pour poser au début du présent travail ce principe qui est la vérité même sous son apparence paradoxale : « Tous les romans sont historiques. » Il importe peu que les auteurs ou les critiques, multipliant à l'envi les classifications, aient dit : Ceci est un récit de mœurs ou d'analyse, une étude intime, un chapelet d'aventures, le procès-verbal d'une instruction judiciaire, une comédie, une satire, un croquis fantaisiste, un tableau réaliste, je ne puis admettre que deux catégories : le roman qui peint le temps passé ou le temps présent au moyen de renseignements demandés soit à l'histoire écrite, soit à la vie elle-même, la meilleure de toutes les histoires, et le roman qui va chercher dans le mensonge l'appât malsain propre à exciter de grossiers appétits : en d'autres termes, le roman qui se respecte et le roman qui ne se respecte pas.

Pour le rapporteur chargé d'établir le bilan du roman moderne au point de vue littéraire et surtout au point de vue moral, cette division fournit la formule même du verdict. Il n'est point d'œuvre signée par un maître, je l'affirme sans crainte d'être démenti, qui échappe à la condition historique ainsi définie.

J'irai plus loin : la condition historique est un levier si puissant que presque tous les maîtres ont produit leur chef-d'œuvre à l'aide d'un souvenir étroitement personnel, ou tout au moins à l'aide de l'impression laissée par un fait qui côtoya de près leur propre vie. Dieu a voulu que tout homme fût éloquent à l'heure où il analyse les battements de son cœur; doit-on s'étonner qu'à cette heure choisie les éloquents deviennent sublimes?

Je ne sais rien qui mette en si haute lumière l'excellence de l'histoire en fait d'art. Aussi cette règle va guider notre choix et nous fournir tout le premier rang des·exposants de notre série.

Walter Scott ne nous appartient pas; nous ferons observer pourtant que, de son propre aveu, sa meilleure gloire, les récits de l'Écosse : *Waverley*, *Rob-Roy*, *Guy-Mannering*, sont des souvenirs d'enfance. Chateaubriand n'est plus, mais ce mélancolique épisode de sa jeunesse, *René*, reste vivant au milieu de son œuvre partiellement pâlie. Les poëmes en prose que M. de Lamartine a la modestie d'appeler *ses romans* planeraient trop au-dessus du lecteur sans le vague sentiment de personnalité, c'est-à-dire d'histoire, qui met du sang dans les veines de ses anges immaculés ou déchus.

Je pointerais au doigt chez Victor Hugo les jeunes émotions revenues qui abaissent le vol de l'aigle jusqu'à la tendresse et font jaillir de son cœur la vérité des larmes ou du sourire.

Chez Georges Sand c'est différent : il semble qu'elle n'ait jamais rien demandé qu'à elle-même et à son histoire. Les livres qui l'ont sacrée reine du roman sont si évidemment sa passion même, mêlant le faux avec le vrai dans un emportement tout frémissant d'éloquence, qu'on cherchait, je m'en souviens, le long de ces pages où le style est encore au-dessus de la pensée, sa vie, sa haine, sa vengeance, son amour : toute la fièvre magnifique de son tempérament. Beaucoup criaient au danger en voyant les grands coups d'estoc et de taille que l'amazone détachait au mariage, son ennemi mortel. On n'en est plus à craindre l'imaginaire péril de ces discussions. Malgré George Sand, le mariage reste, honneur et bonheur de nos sociétés, et malgré la tache de quelques paradoxes, fruits d'une rancune de femme, la belle œuvre de Sand reste aussi, pour la gloire de nos lettres.

Elle parlait d'elle-même dans *Indiana*, on la sentait vivre dans *Mauprat*, elle avait rêvé pour elle-même ce type des maris faits pour anéantir le mariage : Jacques. Elle ne se mettait point en scène avec cette enfantine satisfaction de tels gros *moi* qui ont fini par faire le vide autour de leurs vanités; mais, dans chaque œuvre, elle mettait une portion de son âme. Avec le temps, elle a grandi dans l'art, elle a gagné au point de vue de la forme et surtout de la mesure; a-t-elle gagné pareillement au point de vue de la passion? Non. La splendide historienne n'a jamais menti. C'est à l'âge où le cœur brûle qu'elle a cousu au livre du XIXe siècle la page de sa personnalité, brûlante comme un incendie.

Alfred de Musset empruntant à Rousseau, ce grand historien de lui-même, la moitié de son titre, est tout entier comme prosateur dans la *Confession d'un enfant du siècle*. Ses audaces, ses délicatesses et l'étrange lassitude qui abrégea sa vie, sont là : c'est de l'histoire. Alfred de Vigny, le poète gentilhomme, ne daigna jamais prendre le public pour confesseur et garda fièrement le secret de son existence privée; mais quelle différence pourtant entre *Stello*, fils de son imagination, entre *Cinq-Mars*, fruit de ses recherches, et ce livre ému, sa jeunesse même, *Servitude et grandeur militaire!* Quelle différence aussi chez Mérimée entre l'érudition qui régla la parfaite mise en scène des *Chroniques du Temps de Charles IX* et la passion qui anima *Colomba*, quand il écoutait peut-être la propre voix de sa mémoire!

J'arrive à deux romans qu'il faut ranger parmi les plus sincères succès de ces vingt dernières années. L'un de ces livres rendit son auteur célèbre, l'autre est le plus célèbre entre les livres de son auteur, je veux parler de *Madame Bovary* et de *la Dame aux Camélias*. Ce n'est pas seulement leur vogue qui les rapproche ici, c'est surtout la condition historique de leur facture, et c'est encore la destinée qu'ils eurent de soulever des protestations pareilles.

Au point de vue littéraire, ces deux livres ne se ressemblent pas; au point de vue moral, chacun d'eux raconte avec une franchise implacable une série de faits pris au vif de notre civilisation. C'est si manifestement de l'histoire, que l'idée d'invention ne surgit même pas dans l'esprit du lecteur. L'imagination n'irait pas chercher ces choses navrantes qui valent par leur seule vérité comme le plâtre moulé sur la face d'une morte.

Ce sont pourtant de beaux livres. Celui de Dumas fils entraîne et séduit souvent, attendri par je ne sais quelle pitié sentimentale *sui generis*, qui s'étonne d'être là autant qu'une fleur épanouie dans la roche; celui de Flaubert attriste et fait profondément penser. Pour être juge d'une œuvre, il suffit de dire avec ingénuité ce qu'on a éprouvé en la lisant : ainsi ferai-je. Au début, ces deux livres m'inspirèrent une inquiétude voisine de l'effroi; quand je les eus achevés, je ressentis, non sans surprise, une large, une sereine impression.

Après l'une et l'autre lecture, j'avais conscience d'avoir vu, par la porte ouverte d'une vraie maison, de vrais hommes et de vraies femmes, agissant selon une vérité de mœurs que je voudrais qualifier d'exceptionnelle, mais qui, rare ou commune, est toujours la vérité.

Après l'une et l'autre lecture, je convins avec moi-même qu'une telle exposition des misères inhérentes au mal est une leçon fortifiante et profitable.

Là est selon moi l'utilité majeure du roman. Cette utilité est-elle contre-balancée par un danger? Oui, certes. Il n'est point de plus redoutable science que celle de la vie; mais le talent élevé au-dessus d'un certain niveau confère une magistrature. Il vient un jour où tout homme doué comme l'est Dumas fils, quand le juste succès a sacré ses efforts, mesure avec recueillement l'importance de sa fonction.

Le sentiment de responsabilité naît dans sa conscience, et chaque pas qu'il fait désormais grandit en lui le souci d'autrui avec le respect de soi-même.

Ceux qu'il faut craindre, ce sont les imitateurs, ce troupeau de maladroits esclaves.

Telles armes, forgées par les dieux, ne sont bonnes que dans la main des héros.

Je ne sais pas si Balzac, dans un de ses nombreux récits, a jamais touché, ne fût-ce que du bout du doigt, à sa propre existence. S'il l'a fait, l'œil le plus fin ne saurait distinguer la soudure. Balzac est par excellence le romancier collecteur, faisant sienne, absolument, toute proie qui passe à sa portée, et possédant le don d'assimilation à un degré presque miraculeux. Historien aussi net que ceux-là même qui, se bornant à leurs impressions personnelles, pratiquent forcément la vertu de sobriété, observateur minutieux non-seulement des phénomènes scrutés par lui-même, mais encore des nuances devinées, suggérées ou saisies au vol de la conversation, Balzac, riche entre tous, et n'ayant d'autre tort que de mettre en œuvre, un peu au hasard, le trésor de matériaux amassés par lui, a pu écrire cent romans de la vie actuelle, historiques au plus haut point possible, et dont l'ensemble, si incomplet qu'il soit resté faute de temps, excuse l'ambition immodérée de son titre : *La Comédie humaine*. De même que Walter Scott, pour les choses du passé, avait tout appris, Balzac avait tout vu des choses du présent. Bien peu importent à sa gloire les oscillations de la critique, qui l'outragea vivant pour l'exalter après sa mort. Il laisse derrière lui le plus vaste des héritages. Dans la maison qu'il a bâtie et meublée, tout le monde est entré déjà, le Roman, la Comédie, le Drame, le Journalisme, et tout le monde en est ressorti les mains pleines. Il n'y paraît pas. Plusieurs générations peuvent emprunter à cet inépuisable fonds, où nos neveux, dans cent ans, iront encore chercher des couleurs authentiques pour peindre le second quart de ce siècle.

En même temps que Balzac, Stendhal, autrement maître de sa langue, mais mordu par une rancune noire, transperçait le cœur humain d'un regard plus impitoyable encore et non moins aigu.

Il y avait plus de convention dans Charles Nodier et un sens littéraire plus développé. L'étude dominait même dans sa bonhomie. Ce docteur en toutes facultés portait la peine de son étonnante érudition. Je me souviens pourtant de quelques pages où l'auteur du *Roi de Bohême et ses Sept châteaux* parle de son enfance, aux jours de la Révolution, et raconte avec une émotion admirable la mort de Pichegru. C'est simple, mais mystérieux jusqu'au terrible. Cette fois Nodier avait vu et non pas lu.

Nous glisserons sur Frédéric Soulié, l'inventeur opulent jusqu'à être embarrassé de ses richesses, et aussi sur Eugène Sue, féconde imagination, tentée à la dernière heure par le facile succès des déclamations politiques. Soulié, beaucoup plus historien que Sue et possédant souvent le clair coup d'œil de Balzac, a fait un livre intitulé *Les Confessions générales*, où éclate un des drames les plus vivants qui se puissent raconter. Il avait été, c'est lui qui le dit, acteur dans ce drame : toujours le même fait amenant la même conséquence.

Avec George Sand, Alexandre Dumas est le seul survivant des cinq grands romanciers populaires, parmi lesquels Victor Hugo est venu récemment s'asseoir sur un piédestal que le roman n'eût point suffi à élever. Alexandre Dumas est à coup sûr le plus populaire des cinq, le plus fécond, le mieux doué et peut-être le moins historien, quoiqu'il ait écrit tant de charmants volumes sur notre histoire. Il est théâtral, même en dehors du théâtre, sa patrie. Sa vue est excellente, il le sait si bien qu'il ne prend pas toujours la peine de regarder attentivement les objets. Le temps le presse, la chaleur de son sang le pousse, il va, il court, jouant avec sa verve intarissable et dépassant aujourd'hui le miracle de fécondité qui nous étonnait hier. Avec la moitié de sa production, vingt renommées vivraient.

Mais cette nécessité d'aller vite n'est pas sans opprimer quelque peu le puissant voyageur. Cent tomes de chroniques et de mémoires sont plutôt parcourus qu'une seule page de ce livre ingrat à déchiffrer, le monde. Il faudrait remonter peut-être jusqu'à *Antony* pour trouver chez Alexandre Dumas l'observation et la passion qui lui sont propres. A quoi bon? Si sa personnalité littéraire est là, sa popularité est ailleurs, ainsi que l'origine de sa vogue incomparable. Pour l'immense clientèle de lecteurs qui le suit et qui l'aime, Alexandre Dumas est d'Artagnan, l'aventureux mousquetaire, toujours prêt, toujours chaud, jamais ne perdant cette chère bonne humeur qui mousse comme le champagne, et racontant au pied levé les annales de la France. C'est le Français le plus français qu'on connaisse. A part l'esprit, le mouvement, la gaieté, la jeunesse dont regorgent ses livres, on lui doit compte d'avoir été le professeur d'histoire de tous ceux qui ont la volonté avouée de ne point étudier l'histoire. S'est-il égaré souvent dans ces cours faits l'épée à la main et le feutre sur l'oreille? En conscience, non. Il a tiré à des milliers d'exemplaires, sous une forme attrayante et frappante qui est à lui, Tallemant des Réaux, Sully, le cardinal de Retz, l'abbé de Choisy, Saint-Simon, Duclos, Mme de Staal de Launay, et vingt autres, y compris le bonhomme Anquetil lui-même; il a fait avec cela des choses nouvelles qui sont connues et lues aux antipodes, et, grâce à lui, les derniers chapitres de notre histoire nationale, compris d'une façon romanesque dans les détails, mais véridique au fond, courent le monde comme *Peau-d'Ane* et le *Petit Poucet*.

Si l'utilité d'une chaire se mesure à l'importance numérique de l'auditoire, quel professeur pourrait lutter avec celui-là?

D'Alexandre Dumas à Edmond About le saut semble large. About, esprit acéré, taillant sa plume à la façon de Voltaire polémiste, n'a jamais parlé du passé, que je sache, sinon pour l'insulter. Ce qui à mes yeux le rapproche de Dumas, c'est le don de clarté et aussi ce fait qu'il semble fouiller le monde comme Dumas interroge la chronique, exploitant ce qu'il a appris ou surpris, peignant ce qu'il a cru voir, mais laissant bien rarement soupçonner, par un cri de passion ou de souffrance, le lien personnel qui le rattacherait à sa comédie. A peine le voit-on passer, riant son rire fin et un peu cruel, à l'horizon de ce délicieux pamphlet qui a nom : *Le Roi des Montagnes.*

About ne peut être rangé ni parmi les gens d'un seul livre, ni parmi les prodigues favoris de la déesse Fécondité. Chacune de ses œuvres a marqué. *Les Mariages de Paris* ont eu en librairie une vente énorme. *Madelon* et *La Vieille-Roche* ont, après *Germaine*, occupé l'Europe. Pour la netteté de la pensée, pour la limpidité brillante du style, je ne connais personne qui puisse être mis au-dessus d'Edmond About. Il professe bien quelque peu, beaucoup même, en souvenir de l'École normale, son berceau, et donne un démenti à mon axiome : Le roman ne peut réussir qu'à la condition de ne pas monter en chaire. Je me réfugie dans cet autre axiome : L'exception confirme la règle.

Et pour abonder dans le sens de l'exception, je me garderai bien de passer sous silence un genre de livres qui ne sont pas tout à fait des romans, mais qui ont l'attrait du roman avec une utilité autre et plus immédiate. Un éditeur, qui est lui-même un romancier de talent, M. Hetzel, a instauré cette forme nouvelle, dont le développement mettra la science à la portée de tous. Tout le monde connaît les savantes, les entraînantes fictions de Jules Verne : *Cinq semaines en ballon*, le *Voyage au centre de la terre*, etc. et le modeste chef-d'œuvre de Jean Macé, l'*Histoire d'une bouchée de pain*, est destiné à biffer l'adage campagnard accusant les Parisiens de ne pas savoir « comment le blé pousse. »

V

J'ai parlé des vieux maîtres vivants ou morts, parce que leurs œuvres sont là, tenant toujours le premier rang; j'ai cité parmi les maîtres plus jeunes ceux qui ont le plus spécialement forcé l'attention publique en sortant de la voie battue ou en faisant effort pour se rapprocher de ce grand but de l'art : l'Histoire. Il est d'autres talents consacrés par le triomphe à qui, n'étaient les bornes inflexibles d'un rapport, nous ferions une bien large place : la place qu'ils se sont faite du reste à eux-mêmes dans l'estime et dans l'affection de tous.

Il faudrait mettre en tête de ceux-là que personne ne conteste Jules Sandeau, l'auteur du *Docteur Herbeau*, de *Marianna*, de *La Maison de Pénarvan*, l'ami des nobles demeures, l'homme de la tendresse, du charme, de la grâce, qu'on est tout étonné de voir manier, à son temps, d'une main si sûre, l'arme de l'ironie: Sainte-Beuve, qui fit en faveur du roman une infidélité à ses glorieuses études; Théophile Gautier, le critique éclatant, peintre jusqu'au bout des ongles et plus poëte encore, détaillant les demi-teintes un peu vaporeuses de *Spirite* avec cette même main qui espaça les plans turbulents du *Capitaine Fracasse*; Alphonse Karr, bon sens exquis; Jules Janin, opulence facile et fleurie; Paul de Musset, portant si dignement un grand nom; Saintine, frère germain de Nodier; Charles de Bernard, cousin éloigné de Balzac. Il faudrait louer la ferme droiture qui honore l'œuvre de Michel Masson, depuis ses *Contes de l'atelier* jusqu'à *La Couronne d'épines*, ainsi que la probité noble du second collectionneur des légendes bretonnes, Émile Souvestre.

Et pourrait-on écarter Veuillot, grand style, mais plus grande haine; Louis Ulbach, le peintre à la loupe, qui pointilla d'une main si sûre les finesses de ce joyau flamand : *Monsieur et Madame Fernel*; Octave Feuillet, dont le génie aimable a des sourires de muse; Amédée Achard, élégant, miroitant, mais sachant écrire d'une main virile l'*Histoire d'un homme*, un vrai livre; Francis Wey, chez qui la sobre correction ne nuit ni au charme ni à l'éclat; Arsène Houssaye, le romancier des duchesses philosophes, poudrant à frimas sa phrase blonde, mais trouvant à ses heures de pénétrantes pensées; L. Reybaud, père d'un grand succès qui s'est laissé un peu vieillir : *Jérôme Paturot*, et Paul de Kock lui-même, éparpillant dans ses pages trop court-vêtues je ne sais quel arrière-parfum, suranné, mais sincère, de ce qu'on appelait jadis *la gaieté française?*

Serait-il permis de passer sous silence Auguste Maquet, deux fois heureux au théâtre et dans le livre avec *La Belle Gabrielle*, avec *La Maison du Baigneur*, etc. : ceci par lui-même, mais ayant en outre l'honneur d'avoir contribué comme collaborateur à *Monte-Cristo*, aux *Mousquetaires*, aux meilleures victoires, d'Alexandre Dumas; Paul Meurice, religieux ami du poëte absent, et qui mérite une mention presque pareille; Paul Lacroix, assez fort pour soutenir deux réputations; Jules Lacroix son frère, qui se fit aussi double renommée; Hippolyte Lucas, ingénieux et savant; Alexandre de Lavergne, un des inventeurs du roman-feuilleton; Emmanuel Gonzalès, l'excellent chercheur de chroniques, qui parle aussi quand il le veut la spirituelle langue des boudoirs parisiens; Adrien Robert, émule d'Hoffmann; Élie Berthet, trésor inépuisable d'intérêt, bonne et loyale plume; Charles Rabou, trouveur habile et fécond; Étienne et Louis Énault, allant d'un pas égal dans la voie du succès; Frédéric Thomas, transfuge du roman, regrettant peut-être, sous sa toge si brillamment portée, les promenades de sa jeunesse au pays des fictions, et Léo Lespès qui, devenu Timothée Trimm, a noyé sa notoriété de romancier dans l'immense réussite de sa chronique quotidienne?

La liste est longue, mais c'est ici l'exposition des conteurs. Plaçons-y Pierre Véron, le faiseur de croquis, et Albéric Second, dont les revues ont souvent tout l'intérêt du roman; plaçons-y H. de Saint-Georges, cédant comme Scribe, son maître, à la fantaisie de faire un curieux livre entre deux livrets d'opéra; puis donnons une large tablette à Ch. Deslys, justement couronné par l'Académie, à G. de la Landelle, peintre de mœurs distingué, meilleur peintre de marine; à de Bréhat, martyr du travail, semeur qui n'a pas eu le temps de moissonner; à Gustave Aymard, rival de

Gabriel Ferry et de Paul Duplessis; à Ponson du Terrail, providence de la petite presse, qui personnifie en ce moment la vogue et distance de plusieurs têtes les plus rapides coureurs du Derby de la popularité; — enfin, pour terminer glorieusement, mettons en pleine lumière nos trois amis morts en cette cruelle année 1866 : Méry, Gozlan, Beauvoir, tous trois d'Athènes.

Méry, l'enchanteur des féeries indiennes, le dompteur de tigres, Méry le savant, l'orateur, Méry le poëte; — Gozlan, l'esprit fait chair, qui, dans *Aristide Froissard*, a dépassé d'avance toutes les ironies de l'avenir; — Beauvoir, l'auteur du *Chevalier de Saint-Georges*, le romancier des insouciants et des joyeux.

Mais ai-je parlé de finir? Nous sommes bien riches encore et notre liste est loin d'être épuisée. J'ai réservé à dessein les conteurs que leur caractère ou leur position a marqués d'un trait particulier, et ceux qui, suivant une autre carrière, ont pu donner seulement aux lettres les loisirs économisés sur le devoir.

Là, parmi ceux qui tracèrent un sillon plus original, nous trouvons aussi des morts, dont le premier est Henri Mürger, historien et révélateur d'une vie inconnue. Le mot *Bohême* ne peut être déplacé dans notre travail, puisqu'il fut anobli par ce poëte de la jeunesse tourmentée et de l'indigent plaisir. Mürger s'en alla trop tôt, et le marbre qui sourit sur sa tombe symbolise son passage parmi nous. Son livre, histoire « vécue, » écrite avec l'émotion du souvenir, mériterait avant tout autre livre le titre de *Mystères de Paris*, car il a soulevé le voile qui cachait un petit monde essentiellement parisien, et aussi vrai que le monde d'Eugène Sue est exagéré et dénaturé. De ce monde surgissent chaque année de hautes et fières intelligences. On dit que d'autres intelligences s'y noient en grand nombre et misérablement.

Mürger ne s'y noya pas tout à fait, mais il produisit bien peu après l'avoir quitté, et sa langueur découragée trahissait désormais l'effort du poison qui ne sait pas pardonner. Il était sincèrement aimé; sa mort fut un deuil, moins amer pourtant que la fin navrante de Gérard de Nerval, le savant, le rêveur : cœur simple, délicieux esprit, dont l'extase berçait les paresses enchantées. Il vivait doux et distrait, content de peu, ne songeant guère au lendemain, qui devait lui manquer, connaissant le péril du travail délicat, et se résignant humblement à trop bien faire.

Ainsi pensait Édouard Ourliac, qui nous quitta de même, laissant derrière lui *Suzanne* et *Les Confessions de Nazarille* comme une promesse qui jamais ne devait s'accomplir.

Paul de Molènes, le dernier soldat, cerveau brûlé aux éclairs du glaive, passa également parmi nous, physionomie tranchée et digne de souvenir. Inquiet, aventureux, séduit par toute hardiesse, il avait du moins la plume d'un vrai lettré. Il fit un jour son livre et lui donna son titre : *La Folie de l'épée.*

La fraternité de l'uniforme place auprès de lui le témoin des *Trente-deux duels de Jean Gigon*, A. Gandon, qui voyait du côté gai la comédie militaire.

Enfin le moins heureux de ces chers absents, Charles Barbara, sortait de la foule par la nuance particulière de sa vocation. Il cherchait, sombre travailleur, un filon fugitif qui lui échappa trop longtemps. On eût dit que ses livres rares étaient douloureusement faits, et peut-être en mourant regardait-il d'un œil triste les faciles succès de ceux qui suivent tout bonnement le grand chemin des banalités de la plume.

Revenons aux vivants. Charles Monselet, maître en fait de style, esprit attique, observateur plein de finesse, a publié trop peu de romans et ne mérite guère que ce reproche, encouru davantage encore par ce jeune poëte à la nature exquise, Alphonse Daudet.

Il faut se borner à citer désormais, car le temps et l'espace vont nous manquer à la fois. Citons donc, sans leur donner tous les éloges qui leur sont dus, Victor Cherbuliez, Ernest Serret, Paul Perret, Maxime du Camp, dont les livres apportent au lecteur un sérieux profit; Édouard Plouvier, qui triomphe surtout au théâtre; Édouard Gourdon, l'auteur de *Louise*, dont seize éditions n'ont pas épuisé le succès; Mario Uchard, qui, malgré de très-bonnes qualités d'observation, n'a peut-être pas retrouvé tout entière dans le livre la vogue de sa comédie historique et personnelle, *La Fiammina*.

Sans provoquer aucune comparaison, je m'arrête au nom de Henri Rivière qu'il faut ranger entre les originaux. La cabine de lieutenant de vaisseau où il écrivit *La Possédée* et *La Main coupée* doit être hantée par l'esprit d'Edgard Poë, qui, du reste, a donné beaucoup à penser à la plupart de nos jeunes romanciers.

Champfleury, moins facile, plus âpre au travail, luttant avec une volonté de fer contre une langue qui parfois lui résiste, a donné plusieurs volumes d'une incontestable valeur, entre autres *Les Bourgeois de Molinchart*, *Le Violon de Fayence* et *La Belle Paule*, écrits dans une manière qu'on a appelée *réaliste*. Il cherche consciencieusement, il trouve, et, dès qu'il a trouvé, il photographie; mais dans sa propre voie les frères de Goncourt le suivent et vont le dépasser peut-être. Les amis de l'art ne perdent pas de vue ces courageux combattants, chez qui tout a son intérêt : la défaite comme la victoire.

Alfred Assolant, charmant conteur, hardi frondeur, attaque les choses de ce temps avec la froide courtoisie du duelliste. Son *Marcomir* n'avait pas besoin, pour être heureux, du tapage qui se fit autour de lui, et son capitaine *Corcoran* rappelle les meilleures fantaisies de Gozlan, philosophe.

Le marquis A. de Belloy est-il un romancier? Je ne sais, mais je revendique pour le roman les adorables pages du *Chevalier d'Ay* et les *Croquis de la vie de Café*, profils parisiens de la Restauration, qui sont autant de petits chefs-d'œuvre. Lui et le comte F. de Gramont, son ami, se plaindront peut-être de ce qu'on ne les ait pas laissés à leur place parmi les poëtes.

La réputation de Nadar semble désormais étrangère aux lettres; néanmoins, ceux qui ont lu *Quand j'étais étudiant* regarderaient à bon droit comme incomplète la liste où ne serait point son nom. Au contraire, Eugène Muller ne fait pas autre chose qu'étudier ses maîtres et surtout Georges Sand, à ses heures de fantaisie villageoise. Talent sincère et droit, il a produit *La Mionnette* entre autres bons livres bien écrits et bien observés.

Les soins de sa brillante carrière militaire ont laissé au général A. de Gondrecourt le temps de raconter au public de nombreuses et très-intéressantes histoires. Son voisin de librairie, le marquis de Foudras a dans ses œuvres maintes pages que Charles de Bernard eût avouées. Avec Eugène Chapus et P. Vialon, il a le monopole des romans dédiés à Saint-Hubert.

Le monopole des résurrections romaines se partage entre Deriége et Ponroy, deux érudits doublés de poëte.

Dans un autre ordre d'idées et pour compléter la liste des originaux de ce siècle, nous placerons aux meilleurs rangs Jules Noriac, le chantre mordant et fin de *La Bêtise humaine*; Barbey d'Aurevilly, l'audacieux amant de *La Vieille maîtresse*; Aurélien Scholl, étincelant et bruyant; Paul Deltuf, qui a gardé dans le roman ses solides qualités de critique; Armand de Pontmartin, critique aussi et conteur très-remarqué; E. Feydeau, le montreur de cet animal obscène connu désormais sous le nom de *M. de Saint-Bertrand*. A un certain moment, l'auteur de *Fanny* obtint une des plus vives réussites de ces dernières années : moins large pourtant que celle de ce romancier double, Erckmann-Chatrian, l'ennemi si éloquent de la guerre, dont le grand tort est d'avoir décerné lui-même à son œuvre ferme et sobre une emphatique épithète que seul le suffrage universel eut le droit d'appliquer aux chants de Béranger.

On a reproché à Erckmann-Chatrian de faire toujours le même livre. Il est certain que l'écritoire de ce partisan de la paix contient une encre couleur de sang qui donne à toutes choses un monotone aspect de carnage. C'est le danger de monter en chaire; toute prédication excède les bornes du vrai roman; mais, à part cette tache, l'auteur du *Conscrit*, de *Madame Thérèse*, du *Fou Yégof*, est un puissant conteur, et il y a dans *Le Blocus* telle figure de juif exécutée selon un parti pris si heureux, qu'elle suffirait à la réputation d'un grand peintre.

Entre les femmes, la première après Georges Sand, Mme Émile de Girardin, reste dans nos cœurs, noble et chère mémoire. Chacun connaît l'imagination de Mme Reybaud, le poétique entraînement de Mme Ségalas, le talent inventeur de la comtesse Dash, et ce précieux don que possède Mme de Ségur, providence bien-aimée des enfants. André Léo tient la plume d'une main ferme : son *Mariage scandaleux* est une œuvre. Mmes de Gasparin et Daniel Stern visent et touchent plus haut encore. Mmes Gagneur, Claude Vignon, Gabrielle d'Étampes, Valrey, de Navery, L. Figuier, Camille Périer, méritent leur succès ; Mme Léonie d'Aunay a écrit un livre tout à fait charmant : *Les Mariages de province*, et hier, Marie Alexandre Dumas donnait pour son début : *Au lit de mort*, récit plein de passion que ne désavoueraient ni son père, ni son frère.

Enfin, parmi les plus jeunes d'entre nous qui ont déjà trouvé leur voie, l'école de Balzac a produit Jules Claretie, dont *L'Assassin* a été si justement applaudi ; Tony Revillon, auteur de *La Belle jeunesse de François Lapalud*, œuvre originale autrement que par le titre ; Charles Joliet, plume riante, légère et distinguée tout en restant cordiale, qui a déjà jeté en se jouant trois croquis de maître ; Jules Vallès, énergique talent, qui s'est créé un genre à part, mais trop borné pour sa propre valeur ; Émile Zola, critique amer, romancier ambitieux ; Robert Halt, dont le premier pas, *Une cure du docteur Pontalais*, est déjà plus qu'une riche promesse ; Hector Malot, sérieux observateur, qui a fourni la mesure de son beau talent dans *Les Victimes d'Amour ;* Marc Bayeux, alliant la fougue du pinceau à l'exactitude du coup d'œil ; Louis Dépret, calme et souriant fils de Sterne ; Jean du Boys, Amédée Rolland, poëtes en prose comme en vers ; Ch. Bataille, trop lent à faire son second livre, et deux nouveaux venus, deux disciples encore de l'Américain Poë, Émile Gaboriau, Adolphe Bélot, qui ont publié récemment des drames de la vie judiciaire où l'intérêt historique arrive à des proportions extraordinaires.

Il y en a d'autres encore, et ce travail, malgré la bonne foi absolue de mes intentions, me laissera le remords de plus d'un oubli. Louis Desnoyers, l'auteur d'un livre qui a eu cent éditions, les *Aventures de Robert-Robert*, le fondateur du feuilleton du Siècle, le fondateur aussi de la Société des gens de lettres, méritait assurément une place à part, et voyez. j'ai omis l'historien de M. Prud'homme, le légendaire Henri Monnier! De quel droit? J'ai omis Luchet, robuste plume, et le vieux Raymond Brucker, qui signa *Les Intimes*, un roman célèbre, auquel Gozlan travailla et qui, chose singulière, semble écrit par G orges Sand trop jeune. Philibert Audebrand connaît tous les secrets de l'art de conter; Constant Guéroult est le drame fait chair; Georges Bell a fidèlement photographié le désert africain; Louis Noir a écrit des pages militaires d'un intérêt considérable; J. de Saint-Félix, A. des Essarts, ont publié dix romans dont chacun le moindre exigerait une mention; M. de Lescure n'en a fait qu'un, mais *Bianca Capello* promettait merveilles. Et ce charmant précurseur de la chronique, Edmond Texier, je n'ai rien dit de lui, et je n'ai rien dit de Forgues, le savant vulgarisateur de la littérature anglaise!

Les noms me viennent en foule à cette dernière heure. Je retrouve le *Jacques Callot* de Henri Nicolle, un beau roman; Paulin Limayrac, pris d'ambitions plus hautes, ne veut plus être jugé sur *L'Ombre d'Éric*, et Auguste Vitu s'enfuit pour que je ne rappelle pas les contes si colorés qu'il nous donnait avant d'être un homme politique; du Molay-Bacon me montre son costume de secrétaire général; H. Castille et Léon Plée m'opposent leurs premiers-Paris; Ch. de Boishamon s'abrite sous son uniforme de maire, et Mirecourt pénitent, derrière sa barbe d'ermite. — Mais voici Pierre Zaccone, Ernest Daudet, H. Augu, Ch. Expilly, Jules Cauvain, Saint-Yves; voici surtout Xavier de Montépin, Ernest Capendu, Henry de Kock, qui pourraient dire : Nous aussi, nous avons le succès, le succès populaire! Et Octave Féré, et Albert Blanquet et Léon Bauvallet...

Et d'autres, d'autres encore en grand nombre, qui auraient droit à l'éloge ou à la critique. Ce temps éparpille des richesses inouïes.

Si le génie est rare chez nous, le talent, dans toute la force du terme, court les rues. Malgré moi, je passe sous silence sans doute, et je leur en demande pardon du meilleur de mon cœur, des jeunes gens d'imagination, d'observation, de travail, des amis peut-être, qui souffraient hier, qui combattent aujourd'hui et qui, demain, seront des vainqueurs.

VI

Je me résume. En notre siècle, deux écrivains sur trois, je parle à la fois des plus humbles et des plus grands, ont fait des romans. A ce titre seul, le roman devait avoir sa place dans l'exposition des œuvres de l'intelligence.

Le roman y avait d'autres droits encore : le droit que lui confère son action sur les masses, le droit de sa valeur propre en tant que genre littéraire, et, en troisième lieu, un droit que j'appellerai *de dédommagement*.

Des faits malheureux ont eu lieu. A la tribune et sur le siége du juge, des personnes honorables ont publiquement infligé au roman un blâme qui, tout au plus, pourrait s'appliquer à certains romans. Il y a des poëmes licencieux et des livres de philosophie perverse; qui donc aurait pour cela la pensée de prendre à partie la philosophie ou la poésie? Le reproche d'immoralité est le plus déshonorant qui se puisse adresser à un livre : jeter ce reproche à la face d'un genre, c'est une provocation dangereuse et injuste.

Dangereuse, parce qu'on s'attaque ainsi à une forme jeune, vigoureuse et capable de représailles, à une forme dont les adeptes sont une armée et qui semble faite tout exprès pour propager les idées hardies, à une parole élastique, à une voix sonore qui monte très-haut, grâce aux femmes, qui descend très-bas et qui porte très-loin.

Injuste, parce que tous les romanciers qui méritent ce nom ont raconté un chapitre de l'histoire de l'Homme, la plus utile de toutes les histoires. Il en est qui sont philosophes, légistes, critiques, voyageurs, mais ils sont tous historiens, sous peine de ne pas être.

Il y a du bon et du mauvais dans leur fait : c'est la condition commune à toutes choses humaines.

Ils savent beaucoup et ils ont le don de dire utilement tout ce qu'ils savent. Tel d'entre eux enseigne la métaphysique usuelle, tel autre les mœurs des lointaines contrées, tel autre encore les fastes nationaux; celui-ci vous dévoile les mystères de la diplomatie bourgeoise, celui-là vous introduit dans les coulisses de la comédie parisienne ou provinciale. L'art, la famille, la guerre, l'industrie, la richesse et la misère, le bonheur et le malheur : tout appartient au roman.

L'antique épopée choisissait entre mille un événement haut comme une tour et l'exhaussait encore à plaisir; le roman, épopée subalterne, mais populaire, prend le premier fait venu et l'accommode au service d'une idée. Il *prouve en racontant*. Les Spartiates avaient un secret analogue pour éloigner leurs enfants du vice, et la *Morale en action* les en loue.

L'équitable pensée qui a permis au roman de s'affirmer ici entre ses rivaux mieux acceptés, ses maîtres plutôt, la poésie et le théâtre, répond à des anathèmes imprudents, pour ne rien dire de pis, et rappelle à ceux qui ont eu tort de l'oublier que le mal, mis à nu, fait aimer le bien. C'est le dogme éternel de toute littérature.

Comme le dogme éternel de toute justice est de ne pas condamner sans savoir.

PAUL FÉVAL.

RAPPORT

SUR

LES PROGRÈS DE LA POÉSIE.

RAPPORT

LES PROGRÈS DE LA POÉSIE.

I

Ce n'est pas une chose aisée que de déterminer le rôle joué par la poésie dans la littérature française pendant les années qui nous séparent de la révolution de 1848. Le grand mouvement de rénovation commencé vers la fin de la Restauration, et qui se continua sous le règne de Louis-Philippe d'une façon si brillante, n'a pas encore fermé son cycle et semble devoir imposer sa forme à la poésie de ce siècle. Il ne s'est pas écoulé un temps assez long pour que l'ancien idéal soit oublié et qu'on en ait trouvé un nouveau. Les noms qu'on cite dans ces phrases où l'on veut résumer brièvement la valeur poétique de l'époque sont toujours les mêmes, et la pléiade n'a pas augmenté le nombre de ses étoiles. Si quelque astre nouveau a pointé au fond de l'azur, sa lumière n'est pas encore arrivée à tous les yeux; les critiques, ces astronomes dont le télescope est toujours braqué vers le ciel littéraire et qui veillent quand les autres dorment, aperçoivent seuls et notent sur leurs catalogues ces scintillations plus ou moins distinctes. Le public ne s'en occupe guère et se contente de reconnaître dans la nuit trois ou quatre étoiles de première grandeur, ne se doutant pas que ces lueurs vagues qu'il néglige sont parfois des mondes considérables observés depuis longtemps.

Pour donner à notre travail la clarté désirable, nous en indiquons les divisions nécessaires. Nous apprécierons d'abord brièvement le caractère général de la poésie au xix⁰ siècle, et nous signalerons les maîtres dont l'influence reste sensible sur la génération actuelle; puis, nous parlerons des poëtes qui, ayant débuté avant 1848, ont continué à produire, appartenant ainsi au passé par leurs premières œuvres et au présent par les dernières; et enfin, mais avec plus de développements, car c'est là le sujet même de notre travail, des poëtes surgis après la révolution de Février. Nous aurions préféré entrer de plain-pied, *in medias res*, mais rien ne commence brusquement; aujourd'hui a sa racine dans hier; les idées, comme les lettres arabes, sont liées à la précédente et à la suivante.

On peut dater d'André Chénier la poésie moderne. Ses vers, publiés par de La Touche, furent une vraie révélation. On sentit toute l'aridité de la versification descriptive et didactique en usage à cette époque. Un frais souffle venu de la Grèce traversa les imaginations, l'on respira avec délices ces fleurs au parfum enivrant qui auraient trompé les abeilles de l'Hymette. Il y avait si longtemps que les Muses tenaient à leurs mains des bouquets artificiels plus secs et plus inodores que les plantes des herbiers, où jamais ne tremblait ni une larme humaine ni une perle de rosée! Ce retour à l'antiquité, éternellement jeune, fit éclore un nouveau printemps. L'alexandrin apprit de l'hexamètre grec la césure mobile, les variétés de coupes, les suspensions, les rejets, toute cette secrète harmonie et ce rhythme intérieur si heureusement retrouvés par le chantre du *Jeune Malade,* du *Mendiant* et de *l'Oarystis*. Les fragments, les petites pièces inachevées surtout, semblables à des ébauches de bas-reliefs avec des figures presque terminées et d'autres seulement dégrossies par le ciseau, donnèrent d'excellentes leçons en laissant voir à nu le travail et l'art du poëte.

A l'apparition d'André Chénier, toute la fausse poésie se décolora, se fana et tomba en poussière. L'ombre se fit rapidement sur des noms rayonnants naguère et les yeux se tournèrent vers l'aurore qui se levait. De Vigny faisait paraître les *Poëmes antiques et modernes*; Lamartine, les *Méditations*; Victor Hugo, les *Odes et Ballades*, et bientôt venaient se joindre au groupe Sainte-Beuve avec les *Poésies de Joseph Delorme*, Alfred de Musset avec les *Contes d'Espagne et d'Italie*. Si nous avons négligé les poëtes intermédiaires, tels que Soumet, Guiraud, Lebrun, Émile Deschamps, c'est que nous n'avons pas à écrire l'histoire du romantisme et qu'il nous suffit d'indiquer sommairement les origines et les antériorités de l'école poétique actuelle. Après les journées de Juillet, Auguste Barbier fit siffler le fouet de ses *Iambes* et produisit une vive impression par le lyrisme de la satire, la violence du ton et l'emportement du rhythme. Cette gamme, qui s'accordait avec la tumultueuse effervescence des esprits, était difficile à soutenir en temps plus paisible. *Il Pianto*, destiné à peindre le voyage du poëte en Italie, est d'une couleur comparativement sereine, et le tonnerre qui s'éloigne n'y gronde plus que par roulements sourds. *Lazare* décrit les souffrances des misérables sur qui roule le poids de la civilisation, les plaintes de l'homme et de l'enfant pris dans les engrenages des machines, et les gémissements de la nature troublée par le travail des pionniers du progrès. Par contraste, Brizeux, dans son idylle de *Marie*, exprima l'amour pur de l'adolescence, le souvenir nostalgique de la lande natale et ce retour à la vie champêtre qu'inspire aux âmes tendres la fatigue de l'existence des villes. Antoni Deschamps imita avec bonheur l'austère allure du style dantesque et peignit dans ses *Italiennes* le pays des chênes verts et des rouges terrains avec le contour net de Léopold Robert et la solide couleur de Schnetz, pendant que Charles Coran, dans *Onyx* et les *Rimes galantes*, vantait la Vénus mondaine et les élégances de la haute vie sans sortir du boudoir.

Cependant les maîtres se développaient magnifiquement. Aux *Méditations* succédaient les *Harmonies*, aux *Orientales* les *Feuilles d'automne*, les *Rayons et les Ombres*, les *Voix intérieures*; aux *Contes d'Espagne et d'Italie*, le *Spectacle dans un fauteuil*; aux *Poésies de Joseph*

Delorme, *les Consolations*, *les Pensées d'août*, et autour de chaque génie l'admiration groupait des imitateurs. Lamartine fut copié d'abord avec plus ou moins de bonheur; Victor Hugo eut ensuite une habile, fervente et nombreuse école; Alfred de Vigny, retiré dans sa tour d'ivoire, réunit quelques fidèles; plus tard ce fut Alfred de Musset qui prédomina. Sa sensibilité nerveuse mêlée de dandysme et de raillerie, sa négligence pleine de grâce, son vers facile marchant parfois tout près de la prose et se relevant comme un oiseau d'un rapide coup d'aile, son rire trempé de larmes, son scepticisme si frais, si candide et si attendri encore dans ses blasphèmes et ses désespérances, devaient séduire et séduisirent en effet la jeunesse. Alfred de Musset est le poëte de la vingtième année; sa muse n'a connu que le printemps et à peine le commencement de l'été : l'automne ni l'hiver ne sont venus pour elle. *Namouna* enfanta une nombreuse famille; *Franck* eut beaucoup de frères, et *Belcolor* bien des sœurs et des cousines. Aux *Nuits de mai*, *d'août*, *d'octobre*, *de novembre* et *de décembre* se joignirent d'innombrables *Nuits* qui avaient la meilleure envie d'être élégiaques et lyriques, mais qui ne servirent qu'à montrer combien le génie de l'auteur était inimitable.

La poésie philosophique trouvait un interprète dans Laprade, dont le poëme de *Psyché* contient les développements de l'âme humaine arrivant à une plus haute conscience d'elle-même à travers les phases et les épreuves des civilisations. Laprade se rapproche plutôt de la manière d'Alfred de Vigny que de celle de Victor Hugo, quoiqu'il ait dans son idéalité un peu abstraite un accent propre qui s'accusa plus tard avec une décision suprême dans la magnifique pièce adressée à un chêne, qui est le chef-d'œuvre et comme la note dominante du poëte. Il a prolongé depuis et répété comme à plaisir cette note en l'affaiblissant peut-être, mais il est resté parmi nous l'hiérophante de la nature végétale et des solitudes alpestres, une espèce de druide ou plutôt de prêtre de Dodone. Il a trouvé pour dire les grands arbres des vers d'une sonore amplitude, d'un nombre majestueux et grave dont l'écho se ressaisit chez maint descriptif venu après lui. Sa muse possède

La lente majesté du port et de la taille.

Un des premiers, Laprade a remis en honneur dans la poésie les dieux du paganisme et tourné ses yeux vers la Grèce, abandonnée comme trop classique par la nouvelle école. Le poëme d'*Éleusis*, *le Cap Sunium* et d'autres pièces encore témoignent de cette inspiration archaïque et alexandrine.

Laprade a fait aussi les *Poëmes évangéliques*, où il baptise l'art grec avec l'eau du Jourdain; mais le fond de sa nature est une sorte de panthéisme spiritualiste. Sa gloire, discrète et craignant un peu la foule, n'a pas eu le retentissement tumultueux qui fait arriver un poëte au public; mais il n'a pas été sans action sur les esprits littéraires, et son influence est reconnaissable dans plus d'une œuvre célèbre ou vantée.

De ces courants poétiques, fleuves, rivières, torrents, ruisseaux, les uns se sont arrêtés ou taris; les autres continuent à couler, s'élargissant à mesure qu'ils approchent de la mer. Les poëtes de la génération actuelle ont tous puisé à ces eaux vives, les uns avec un cratère d'or, les autres avec une coupe en argile ou en bois de hêtre, d'autres dans le creux de leur main; mais toujours quelques gouttes de ces ondes se mêlent au vin de leur cru. Qu'on ne voie pas là un reproche; l'originalité n'est que la note personnelle ajoutée au fonds commun préparé par les contemporains ou les prédécesseurs immédiats.

Nous abrégeons autant que possible ces prolégomènes indispensables. Dans l'art comme dans la réalité, on est toujours fils de quelqu'un, même quand le père est renié par l'enfant, et il nous fallait bien faire la généalogie des talents dont nous allons avoir à nous occuper. Pour beaucoup d'entre eux, éclos après le grand mouvement romantique, nous serons obligé de remonter un peu au delà de 1848. Leur point de départ doit se chercher une di-

zaine d'années plus haut, bien que la meilleure partie de leur
œuvre appartienne à l'époque où se circonscrit notre travail.

Après le grand épanouissement poétique, qui ne peut se comparer qu'à la floraison de la Renaissance, il y eut un regain abon-
dant. Tout jeune homme fit son volume de vers empreint de l'imitation du maître préféré, et quelquefois mêlant plusieurs imitations ensemble. De cette voie lactée, aux nébuleuses innombrables
et peu distinctes traversant le ciel de sa blancheur, le premier qui
se détacha, avec un scintillement vif et particulier, fut Théodore de
Banville. Son premier volume, intitulé *les Cariatides*, porte la date
de 1841, et fit sensation. Quoique l'école romantique eût habitué
à la précocité dans le talent, on s'étonna de trouver des mérites si
rares en un si jeune homme. Théodore de Banville avait vingt et
un ans à peine et pouvait réclamer cette qualité de mineur si fièrement inscrite par lord Byron au frontispice de ses *Heures de loisir*. Sans doute, dans ce recueil aux pièces diverses de ton et d'allure, on peut reconnaître çà et là l'influence de Victor Hugo,
d'Alfred de Musset et de Ronsard, dont le poëte est resté à bon
droit le fervent admirateur; mais on y discerne déjà facilement la
nature propre de l'homme. Théodore de Banville est exclusivement poëte; pour lui, la prose semble ne pas exister; il peut dire,
comme Ovide : « Chaque phrase que j'essayais d'écrire était un
vers. » De naissance, il eut le don de cette admirable langue que
le monde entend et ne parle pas; et de la poésie, il possède la note
la plus rare, la plus haute, la plus ailée, le lyrisme. Il est, en effet, lyrique, invinciblement lyrique, et partout et toujours, et
presque malgré lui, pour ainsi dire. Comme Euphorion, le sym-
bolique enfant de Faust et d'Hélène, il voltige au-dessus des fleurs
de la prairie, enlevé par des souffles qui gonflent sa draperie aux
couleurs changeantes et prismatiques. Incapable de maîtriser son
essor, il ne peut effleurer la terre du pied sans rebondir aussitôt
jusqu'au ciel et se perdre dans la poussière dorée d'un rayon lumineux.

. Dans les *Stalactites*, cette tendance se prononce encore davantage, et l'auteur s'abandonne tout entier à son ivresse lyrique. Il nage au milieu des splendeurs et des sonorités, et derrière ses stances flamboient comme fond naturel les lueurs roses et bleues des apothéoses; quelquefois c'est le ciel avec ses blancheurs d'aurore ou ses rougeurs de couchant; quelquefois aussi la gloire en feux de bengale d'une fin d'opéra. Banville a le sentiment de la beauté des mots; il les aime riches, brillants et rares, et il les place sertis d'or autour de son idée comme un bracelet de pierreries autour d'un bras de femme; c'est là un des charmes et peutêtre le plus grand de ses vers. On peut leur appliquer ces remarques si fines de Joubert : « Les mots s'illuminent quand le doigt du poëte y fait passer son phosphore; les mots des poëtes conservent du sens même lorsqu'ils sont détachés des autres, et plaisent isolés comme de beaux sons; on dirait des paroles lumineuses, de l'or, des perles, des diamants et des fleurs. »

La nouvelle école avait été fort sobre de mythologie. On disait plus volontiers la brise que le zéphyr; la mer s'appelait la mer et non pas Neptune. Théodore de Banville comme Goëthe, introduisant la blanche Tyndaride dans le sombre manoir féodal du moyen âge, ramena dans le burg romantique le cortége des anciens dieux, auxquels Laprade avait déjà élevé un petit temple de marbre blanc au milieu d'un de ces bois qu'il sait si bien chanter. Il osa parler de Vénus, d'Apollon et des nymphes; ces beaux noms le séduisaient et lui plaisaient comme des camées d'agate ou d'onyx. Il comprit d'abord l'antique un peu à la façon de Rubens. La chaste pâleur et les contours tranquilles des marbres ne suffisaient pas à ce coloriste. Ses déesses étalaient dans l'onde ou dans la nuée des chairs de nacre, veinées d'azur, fouettées de rose, inondées de chevelures rutilantes aux tons d'ambre et de topaze et des rondeurs d'une opulence qu'eût évitée l'art grec. Les roses, les lys, l'azur, l'or, la pourpre, l'hyacinthe abondent chez Banville; il revêt tout ce qu'il touche d'un voile tramé de rayons, et ses idées, comme les princesses de féeries, se promènent dans des prairies d'émeraude, avec des robes couleur du temps, couleur du soleil et couleur de la lune.

Dans ces dernières années, Banville, qui a bien rarement quitté la lyre pour la plume, a fait paraître les *Exilés*, où sa manière s'est agrandie et semble avoir donné sa suprême expression, si ce mot peut se dire d'un poëte encore jeune et bien vivant et capable d'œuvres nombreuses. La mythologie tient une grande place dans ce volume, où Banville s'est montré plus grec que partout ailleurs, bien que ses dieux et surtout ses déesses prennent parfois des allures florentines à la Primatice et aient l'air de descendre, en cothurnes d'azur lacés d'argent, des voûtes ou des impostes de Fontainebleau. Cette tournure fière et galante de la Renaissance mouvemente à propos la correction un peu froide de la pure antiquité. Les *Améthystes* sont le titre d'un petit volume plein d'élégance et de coquetterie typographiques, dans lequel l'auteur, sous l'inspiration de Ronsard, a essayé de faire revivre des rhythmes abandonnés depuis que l'entrelacement des rimes masculines et féminines est devenu obligatoire. De ce mélange de rimes, prohibé aujourd'hui, naissent des effets d'une harmonie charmante. Les stances des vers féminins ont une mollesse, une suavité, une mélancolie douce dont on peut se faire une idée en entendant chanter la délicieuse cantilène de Félicien David : « Ma belle nuit, oh ! sois plus lente. » Les vers masculins entrelacés se font remarquer par une plénitude et une sonorité singulières. On ne saurait trop louer l'habileté exquise avec laquelle l'auteur manie ces rhythmes dont Ronsard, Remy Belleau, A. Baïf, Dubellay, Jean Daurat et les poëtes de la pléiade tiraient un si excellent parti. Comme les odelettes de l'illustre Vendômois, ces petites pièces roulent sur des sujets amoureux, galants, ou de philosophie anacréontique.

Nous n'avons encore montré qu'une face du talent de Banville, la face sérieuse. Sa muse a deux masques, l'un grave et l'autre rieur. Ce lyrique est aussi un bouffon à ses heures. Les *Odes funambulesques* dansent sur la corde avec ou sans balancier, montrant l'étroite semelle frottée de blanc d'Espagne de leurs brodequins et se livrant au-dessus des têtes de la foule à des exercices prodigieux au milieu d'un fourmillement de clinquant et de paillettes, et quelquefois elles font des cabrioles si hautes, qu'elles vont se perdre dans les étoiles. Les phrases se disloquent comme des clowns, tandis que les rimes font bruire les sonnettes de leurs chapeaux chinois et que le pître frappe de sa baguette des toiles sauvagement tatouées de couleurs féroces dont il donne une burlesque explication. Cela tient du *boniment,* de la charge d'atelier, de la parodie et de la caricature. Sur le patron d'une ode célèbre, le poëte découpe en riant le costume d'un nain difforme comme ceux de Velasquez ou de Paul Véronèse, et il fait glapir par des perroquets le chant du rossignol. Jamais la fantaisie ne se livra à un plus joyeux gaspillage de richesses, et, dans ce bizarre volume, l'inspiration de Banville ressemble à cette mignonne princesse chinoise dont parle Henri Heine, laquelle avait pour suprême plaisir de déchirer, avec ses ongles polis et transparents comme le jade, les étoffes de soie les plus précieuses, et qui se pâmait de rire en voyant ces lambeaux roses, bleus, jaunes s'envoler par-dessus le treillage comme des papillons.

L'auteur n'a pas signé cette spirituelle débauche poétique qui est peut-être son œuvre la plus originale. Nous croyons qu'on peut admettre dans la poésie ces caprices bouffons comme on admet les arabesques en peinture. Ne voit-on pas dans les loges du Vatican, autour des plus graves sujets, de gracieuses bordures où s'entremêlent des fleurs et des chimères, où des masques d'ægipans vous tirent la langue, où de petits amours fouettent d'un brin de paille les colimaçons attelés à leur char, fait chez le carrossier de la reine Mab ?

Dans cette catégorie de poëm.   touchent aux deux époques, il faut ranger le marquis de Belloy et le comte de Gramont, ce Pythias et ce Damon de la poésie, dont les noms ne se séparent pas plus que ceux d'Edmond et de Jules de Goncourt.

Mais cette fraternité de cœur, d'opinions, de sentiments, qu'attestent les devises et les dédicaces, ne va pas jusqu'à la fraternité du travail; chaque poëte a sa lyre et chante seul. Quoiqu'il y ait chez les deux le même fond de loyauté et de croyances, le talent a sa note particulière et son accent propre. Chez le marquis de Belloy se mêle à la poésie une nuance toute française et disparue depuis le xviiie siècle, l'esprit. Le comte de Gramont est toujours sérieux, sans mauvaise humeur cependant, mais il ne sait pas ou il ne veut pas sourire. Sa muse est grave, d'une pâleur de marbre sous sa couronne de laurier, comme une muse du Parnasse de Raphaël; celle du marquis de Belloy met pour aller au bal un soupçon de fard et une mouche. Tous deux cherchent la beauté, mais l'un admet le joli, que l'autre repousse; seulement ils ont le même soin exquis de la forme, le même souci de la langue et du style, la même patiente recherche de la perfection. De Belloy a fait, sous le pseudonyme transparent du *Chevalier d'Aï*, l'histoire intellectuelle de son talent; il a peint les fluctuations littéraires de l'aimable chevalier, très-accessible aux idées modernes, malgré ses préjugés de caste, et qui va du ton des poésies légères de Voltaire au lyrisme et aux colorations de l'école romantique; mais dans le madrigal ou l'ode, on reconnaît toujours la personnalité fine, élégante et quelque peu aristocratique du poëte. Ce livre, dans lequel des intermèdes de prose séparent et en même temps relient entre elles les pièces de vers, est de tout point charmant.

Un autre volume, les *Légendes fleuries*, contient des poëmes dont quelques-uns ont une certaine étendue. Nous citerons, parmi les plus remarquables, *Lilith*, première femme d'Adam selon la tradition orientale; histoire talmudique racontée par un vieux rabbin mal converti au christianisme, et entremêlée de digressions et de boutades humoristiques, car il y a chez de Belloy une légère pointe de satire. Ce n'est que l'épine de la rose, mais elle n'en pique pas moins et fait venir à l'épiderme une petite perle rouge. *La foi sauve* est une légende charmante, et dans *les Byzantins*, dialogue de deux bergers païens, qui entrevoient l'aurore d'une croyance nouvelle, l'auteur, par l'élévation de l'idée, la poésie des détails et la beauté de la forme, fait penser à l'*Églogue napolitaine* de Sainte-Beuve ; *l'Eau du Léthé* renferme une idée superbe. Le poëte refuse de boire avec cette eau sombre l'oubli des douleurs qui l'ont fait homme et des remords qui l'ont purifié. Il refuse courageusement cette morne consolation. A la suite du livre de *Ruth*, traduit avec une gravité et une onction bibliques, M. de Belloy a placé la légende d'*Orpha*, la seconde bru de Noëmi, dont il a supposé les aventures, puisque le silence du texte permettait l'invention au conteur. Cette douce et touchante histoire pourrait s'insérer manuscrite entre les feuillets d'une bible de famille, tant le style en est pur.

Notre cadre ne nous permet pas de nous étendre sur les pièces de théâtre du marquis de Belloy ; mais ce serait laisser incomplète la physionomie du poëte, si nous ne mentionnions pas au moins *Damon et Pythias*, cette charmante pièce antique que le Théâtre-Français a prise à l'Odéon, *la Mal' aria* et *le Tasse à Sorrente*. S'il est très-français, de Belloy est aussi très-italien. Il sait Pétrarque, le Tasse et Métastase sur le bout du doigt, comme son ami de Gramont, qui fait des sonnets dans la langue du beau pays où résonne le *si*.

Les Chants du passé, de M. de Gramont, contiennent une grande quantité de sonnets d'une rare perfection. Cette forme si artistement construite, d'un rhythme si justement balancé et d'une pureté qui n'admet aucune tache, convient à ce talent mâle, austère et sobre, d'une résignation si haute et si noble, et qui, vaincu par la destinée, garde, même dans la douleur, l'attitude musculeuse des captifs de Michel-Ange. Ses croyances ne lui permettant pas de se mêler au mouvement moderne, il s'en va, avec une fierté silencieuse, sur la route solitaire, à travers les écroulements du passé. L'on peut regarder comme une personnification de son génie cette magnifique pièce de vers où, seul de sa tribu, qui émigre vers des horizons nouveaux, un jeune homme obstiné reste sur le sol de ses ancêtres. *Endymion* a la pureté d'un marbre antique éclairé par la lune. Le baiser argenté de Diane peut descendre sur ce bel adolescent, que les pasteurs du Latmos vénèrent comme un dieu. Il est digne d'elle pour sa blancheur virginale et sa chasteté neigeuse.

Aux sonnets se joignent des pièces plus étendues, que l'auteur désigne sous le nom de *Rhythmes*, et qui outre l'élévation de la pensée, la beauté du style, montrent la science la plus profonde de la métrique. On voit bien que M. de Gramont a étudié avec amour Dante, Pétrarque, et tous les grands Italiens, ces maîtres d'architectonique dans la structure du vers. M. de Gramont est le seul poëte français qui ait pu réussir la *Sextine,* ce tour de force qu'on croirait impossible dans notre langue. La Sextine est une pièce de vers où les rimes de la première stance, toujours reprises, changent de place aux stances suivantes, comme des danseuses qui deviennent tour à tour coryphées de leur groupe et conduisent les évolutions de leurs compagnes.

Arsène Houssaye n'est pas non plus un nouveau venu dans la poésie. Il chantait avant février, mais il a chanté depuis, et ses meilleurs vers sont les derniers. A travers le roman, la critique, l'histoire littéraire, Arsène Houssaye a mis au jour trois recueils : *les Sentiers perdus, la Poésie dans les bois, les Poëmes antiques*, qui datent de 1850 et le rattachent à cette période que nous avons mission d'explorer, sans compter les vers qu'il sème çà et là tout en marchant dans la vie, et qu'il n'a pas recueillis, comme ces magnats hongrois qui ne daignent pas se courber au bal pour ramasser les perles détachées de leurs bottes. Quoiqu'il appartienne par ses sympathies à ce grand mouvement romantique d'où découle toute la poésie de notre siècle, Arsène Houssaye ne s'est fixé sous la bannière d'aucun maître. Il n'est le soldat ni de Lamartine, ni de Victor Hugo, ni d'Alfred de Musset. Son indépendance capricieuse n'a pas voulu accepter de joug. Comme certains poëtes, il ne s'est pas, d'après un système, modelé un type auquel il fallait rester fidèle sous peine de contradiction et d'inconséquence. Combien aujourd'hui ne sont plus que les imitateurs d'eux-mêmes et n'osent plus sortir du moule invariable où ils condamnent leur pensée!

Ce n'est pas lui qui se chargera de motiver ou de régulariser les contrastes dont ses œuvres sont pleines. Aujourd'hui il peindra au pastel Ninon ou Cidalise, demain d'une chaude couleur vénitienne il fera le portrait de Violante, la maîtresse du Titien. Si le caprice le prend de modeler en biscuit ou en porcelaine de Saxe un berger et une bergère rococo enguirlandés de fleurs, certes, il ne se gêne pas. Mais, le groupe posé sur l'étagère, il n'y pense plus, et le voilà qui sculpte en marbre une Diane chasseresse ou quelque figure mythologique dont la blancheur se détache d'un fond de fraîche verdure. Il quitte le salon resplendissant de lumières pour s'enfoncer sous la verte obscurité des bois, et quand au détour d'une allée ombrageuse il rencontre la Muse, il oublie de retourner à la ville, où l'attend quelque rendez-vous donné à une beauté d'opéra. Sa poésie est ondoyante et diverse comme l'homme de Montaigne. Elle dit ce qu'elle sent à ce moment-là, et c'est le moyen d'être toujours vraie. Les émotions ne se ressemblent pas; mais être ému, voilà l'important. Sous cette légèreté apparente, le cœur palpite et l'âme soupire, et si le mot est simple, parfois l'accent est profond. Les talents ont un âge idéal qui souvent ne concorde pas avec les années réelles du poëte. Tel auteur de vingt ans fait des œuvres qui en ont quarante. D'autres, au contraire, sont éternellement jeunes, comme André Chénier, Murger et Alfred de Musset. Arsène Houssaye est de ceux-là, et ses cheveux blonds comme ceux de la Muse s'obstinent à ne pas blanchir. L'hiver ne vient pas pour lui. En ce temps où les arts font souvent invasion dans le domaine les uns des autres et se prêtent des comparaisons, où le même critique parle à la fois des tableaux et des livres, un poëte fait souvent penser à un peintre par on ne sait quelle ressemblance qui se sent plutôt qu'elle ne se décrit. Arsène Houssaye, avec le chatoyement soyeux de ses verdures étoilées de fleurs qui laissent à travers leurs trouées apercevoir dans une clairière, assises sous un rayon de soleil, des femmes ruisselantes de soie et de pierreries, nous rappelle Diaz, ce prestigieux coloriste, qui, lui aussi, fait de temps à autre se promener la Vénus de . .ad'hon sous le clair de lune des Mille et une nuits, et encore faut-il remarquer qu'Arsène Houssaye dessine plus nettement que Diaz de la Peña.

Pour dernière touche à cette esquisse rapide, nous ne saurions mieux faire que de citer le mot de Sainte-Beuve, qui dit d'Arsène Houssaye dans ses portraits de poëtes nouveaux : « C'est le poëte des roses et de la jeunesse. » Mais dans ces roses la goutte de rosée est souvent une larme.

D'Arsène Houssaye à Amédée Pommier il ne faut pas chercher de transition, ils n'ont de commun que leur constant amour de l'art. Ce n'est pas d'hier qu'il est descendu dans l'arène; son premier volume date de 1832, et son dernier porte le millésime de 1867. Il a la fécondité opiniâtre, et huit ou dix recueils ne l'ont pas épuisée. Il est un versificateur de première force, et nul ne façonne et ne retourne avec plus de précision sur l'enclume poétique un alexandrin ou un vers de huit pieds. S'il faut remettre le fer au feu de la forge, ce qui arrive rarement, tant son coup de marteau est sûr, il remue le charbon, active l'haleine du soufflet, et la forme voulue est bientôt imposée au métal rebelle. Le poëte se plaît à cette lutte, et il s'agite comme un Vulcain dans son antre, heureux de voir voler à droite et à gauche les rouges étincelles et d'entendre le rhythme sonore retentir sous la voûte. De ce rude travail il lui reste parfois au front des parcelles de limaille et de charbon; mais le vers bien fourbi reluit comme de l'acier, et l'on n'y saurait trouver une paille. Amédée Pommier égale, s'il ne la dépasse, l'habileté métrique de Barthélemy et de Méry, et il eût au besoin fait tout seul la *Némésis*. Les principaux volumes de M. Pommier sont le *Livre de sang*, *Océanides et fantaisies*, *Sonnets sur le salon de 1851*, *Colères*, *Colifichets*, où l'auteur s'est livré à tous les tours de force métriques qu'on puisse imaginer, avec une aisance, une agilité et une souplesse incomparables. On peut dédaigner ces jeux difficiles qui sont comme la fugue et le contre-point de la poésie, mais il faut être un maître pour y exceller, et qui ne les a pas pratiqués peut se trouver un jour devant l'idée sans forme à lui offrir. *L'Enfer*, de tous les volumes d'Amédée Pommier, a été le plus remarqué, et c'est en effet une œuvre des plus originales. L'auteur, trouvant qu'on spiritualisait un peu trop l'enfer, l'a épaissi, comme disait Mme de Sévigné à propos de la religion, par quelques bons supplices matériels, tels que chaudières bouillantes, jets de plomb fondu, cuillerées de poix liquide, lits de fer rougi, coups de fourche et de lanières à pointes, introduisant les diableries de Callot dans les cercles du Dante. Idée ingénieuse! l'adultère est puni par la satisfaction à perpétuité de sa concupiscence; les amants coupables sont toujours l'un devant l'autre, éternels forçats de l'amour.

> L'éternité du tête-à-tête
> Ne pouvait manquer à l'enfer,

dit le poëte en terminant sa strophe par cette chute heureuse et de l'effet le plus piquant. Le mètre employé est une strophe de douze vers composée d'un quatrain et de deux rimes triplées féminines qui s'encadrent entre deux vers masculins. L'auteur manie cette forme avec une maëstria singulière. Il s'en est encore servi dans son volume de *Paris*, espèce de description lyrique et bouffonne de la grand'ville où parfois Victor Hugo coudoie Saint-Amant et Scarron, étrange macédoine de splendeurs et de misères, de types sublimes et grotesques, de tableaux brillants et d'affiches bariolées, de vers splendides et de lignes prosaïques, de chiffons et de bijoux, et d'ingrédients plus bizarres que ceux dont les sorcières de Macbeth remplissent leur chaudron. Parfois le poëte, comme lord Byron, qui, dans Beppo, se passe le caprice de rimer l'annonce et l'étiquette de l'*Harvey-sauce*, s'amuse à rimer la quatrième page des journaux. Ce qu'on peut reprocher à ce poëme d'une grande étendue, c'est une sorte de ribombo venant de la redondance des rimes triplées que ramène chaque strophe.

Amédée Pommier a tenté bien des genres : l'ode, la satire, l'épître, le poëme, le sonnet, la fantaisie rhythmique, et partout il a laissé l'empreinte d'un talent vigoureux et robuste nourri de fortes études. Chapelain pourrait dire de lui comme de Molière : « Ce garçon sait du latin. » Sa meilleure pièce, peut-être, est celle qu'il appelle *Utopie* et dans laquelle il décrit son rêve de perfection : un morceau de dimension modeste, un bijou de métal précieux finement ciselé, une perle sertie dans l'or, une fleur à mettre parmi les plus fraîches au cœur d'un bouquet d'anthologie; il a réalisé son rêve en l'exprimant.

Si le *Poëme des champs*, de Calemard de la Fayette, est de publication récente, il y a longtemps que son auteur cultive le champ de la poésie, cette terre ingrate et trop souvent stérile, mais qu'on abandonne toujours à regret; il a fait autrefois des poésies et une traduction de Dante en vers très-remarquables, et le voilà qui, après un long silence, reparaît avec un poëme en huit livres.

Les poëmes de longue haleine sont assez rares dans l'école nouvelle, et surtout les poëmes didactiques; il semble que ce genre soit suranné, il n'est qu'antique pourtant. Hésiode a fait *les Mois et les Jours*, et Virgile les *Géorgiques*, ce qui balance bien *les Saisons* de Saint-Lambert et *les Jardins* de l'abbé Delille. Nous pensons qu'avec sa riche palette et son large sentiment de la nature, le romantisme, qui ne craint pas le mot propre et le détail familier, pourrait s'essayer avec bonheur dans le poëme descriptif et didactique. La même idée est venue à Calemard de la Fayette. Enlevé au tourbillon de Paris et devenu propriétaire d'un grand domaine rural, il se mit à gérer ses terres lui-même. Mais pour cela il ne renonça pas à ses goûts d'artiste et il essaya d'atteler Pégase à la charrue. Le bon cheval ailé ne se mit pas à ruer formidablement comme le Pégase de la Ballade de Schiller, soumis par un rustre à des travaux ignobles. Ayant reconnu que la main qui le guidait était une main de poëte, il ne s'enleva pas dans les étoiles avec l'instrument aratoire fracassé, et traça droit son sillon, car il labourait une bonne terre sur ces pentes douces par lesquelles le Parnasse rejoint la plaine. Pour faire des Géorgiques, il ne suffit pas d'être

Virgile, il faut aussi être un Mathieu de Dombasle, et ces deux qualités se trouvent rarement chez le même homme. Calemard de la Fayette les possède toutes deux, car il n'est pas, qu'on nous permette cette innocente plaisanterie, un agriculteur en chambre ; il connaît la campagne pour l'avoir cultivée : il a de vrais prés, de vraies vignes, de vraies fermes, de vrais bœufs. Chose rare pour un poëte, il sait distinguer le blé de l'orge et le trèfle du sainfoin. Dans cette saine vie de *gentleman farmer*, il a pris sérieusement goût à la nature et aux occupations rustiques, et sa rêverie se mêlant à son travail, il a fait, au jour le jour, presque sans y songer, en marchant le long de ses pièces de blés ou de ses haies d'aubépine en fleur, *le Poëme des champs*, qui a sur tous les ouvrages de ce genre l'avantage de sentir le foin vert plus que l'huile de la lampe. Les descriptions en ont été faites *ad vivum*, comme disaient les anciens peintres, non pas d'après un croquis rapide, mais d'après des études terminées avec conscience devant un modèle qui n'était pas avare de ses séances. On voit à la précision du dessin et à la justesse de la couleur que le peintre a longtemps vécu dans l'intimité de son sujet, et que son enthousiasme pour la vie champêtre n'a rien de factice.

La fable d'un semblable poëme ne saurait être bien compliquée, et Calemard de la Fayette a eu le bon goût de ne pas chercher à y introduire une action romanesque ou des épisodes superflus. Les semailles, les moissons, la vendange, les tableaux variés des saisons, la peinture de la ferme, des étables, de la basse-cour, des chevaux allant à l'abreuvoir, des bœufs revenant du labour, des paysans ni embellis ni enlaidis, mais pris dans leur forte simplicité et leur majesté naturelle, l'expression des sentiments que ces spectacles inspirent, et çà et là, dans une juste proportion, des fleurs de poésie mêlées aux préceptes d'agriculture comme des coquelicots et des bluets dans les blés, voilà les éléments employés par le poëte pour composer ses tableaux et remplir heureusement son cadre.

N'allez pas croire que les poëtes de ville puissent en remontrer à ce poëte des champs; il n'a oublié aucun des secrets du métier. Son vers est plein, solide, grave; ses rimes sont riches, s'étayant toujours à la consonne d'appui, d'un son pur comme le tintement de la clochette suspendue au col des vaches descendant de la montagne, nouvelles sans bizarrerie et toujours bien amenées. Virgile, tout en soulignant quelques lourdeurs, applaudirait à ces nouvelles *Géorgiques*.

Henri Blaze de Bury, quoiqu'il soit jeune encore et n'ait pas déserté le champ de bataille de la poésie, comme cela est arrivé à plusieurs et des mieux méritants, détournés de l'art sacré par la critique plus lucrative et de placement plus facile, a débuté vers 1833, en plein mouvement romantique, avec *le Souper chez le commandeur*, inséré d'abord dans la *Revue des Deux-Mondes*, et réimprimé plusieurs fois depuis. — C'était une œuvre excessive et bizarre, où la prose se mélangeait au vers dans une proportion shakspearienne, et où l'on sentait que le Don Juan de Tirso de Molina et de Molière avait lu Byron, Hoffmann, et écouté la musique de Mozart. Il y a eu dans la composition du poëte, chez Henri Blaze, trois éléments très-reconnaissables : l'homme du monde ou, pour être plus intelligible, le dandy, le dilettante et le critique. Tout jeune, il savait l'allemand, la musique, il portait des gants paille, et l'autorité paternelle lui ouvrait les coulisses et les loges intimes des théâtres lyriques. Ajoutez à cela un reflet de diplomatie, quelques relations avec les cours du Nord, et vous aurez un poëte élégant et mondain, quoique très-lettré, très-savant et très-romantique, d'une physionomie toute particulière. Henri Blaze traduisit le *Faust* de Gœthe, non-seulement le premier, mais le second, ce qui est d'une bien autre difficulté, à la satisfaction générale des Allemands, étonnés d'être si bien compris par un Français dans l'œuvre la plus abstraite et la plus volontairement énigmatique de leur plus haut génie. — Ses vers, d'une facture très-savante, quoique d'une apparence parfois négligée, rappellent en quelques endroits l'allure d'Alfred de Musset; ils portent, comme les fashionables de ce temps-là, la rose à la boutonnière et le chapeau un peu penché sur une touffe de frisure; mais là s'arrête la ressemblance. Alfred de Musset est Anglais et Blaze est Allemand : l'un jure par Byron et l'autre par Gœthe, tout en se réservant chacun son originalité. Les vergiss-mein-nicht, les roses, les rossignols, les rêveries sentimentales et le clair de lune allemand n'empêchent en aucune façon Henri Blaze d'être un esprit français très-net, très-moqueur et très-clair; il sait mettre une petite fleur bleue cueillie au bord du Rhin dans le limpide verre d'eau de Voltaire. La connaissance de la musique et des grands maîtres de cet art lui fournit une veine de comparaisons et d'effets qui ne sont pas à la disposition des poëtes, ordinairement médiocres dilettanti. Nous ne pouvons pas analyser ici en détail son œuvre poétique, qui est considérable, et il a fallu nous contenter d'esquisser le caractère du talent de l'auteur. Au *Souper chez le commandeur* sont joints : *la Voie lactée*, *Ce que disent les marguerites*, *Églantine*. Dans les *Intermèdes et poëmes* publiés en 1853, sont contenus : *Perdita*, le *Petit Chaperon rouge*, *Vulturio*, *Bella*, *Frantz Coppola* et *Jenny Plantin*, qui est peut-être la maîtresse pièce du recueil. C'est l'histoire touchante d'une jeune fille qui s'est éprise d'un faux poëte, comme il y en a tant de nos jours, l'épouse, l'enrichit et se tue pour mettre une grande et noble douleur dans cette vie bourgeoise et prosaïque. Sacrifice inutile! le Manfred de boulevard oublie la morte et devient vaudevilliste. Le mélange d'exaltation et d'ironie de ce poëme produit des effets nouveaux que rend plus sensibles encore un cadre de vie moderne.

Dans *l'Enfer de l'esprit*, son premier volume, et les *Demi-teintes*, autre recueil de vers qui le suivit bientôt, Auguste Vacquerie, qu'une critique superficielle désignait comme disciple et enthousiaste de Victor Hugo, a fait preuve au contraire d'une originalité presque farouche, qui l'isole dans le clan romantique. On peut aimer, admirer un maître et se dévouer à lui jusqu'au fanatisme, sans le copier pour cela. Rien ne ressemble moins au débordant lyrisme, à l'exubérance intarissable de Victor Hugo, que la manière décisive, brève et tendant toujours au but, de Vacquerie. La volonté, chez lui, domine toujours l'inspiration et le caprice. Il faut qu'une pièce de vers exprime d'abord l'idée qu'on lui confie, et l'auteur ne lui permet guère de courir en chemin après les fleurs et les papillons, à moins que cela ne rentre dans son plan et ne serve comme contraste ou comme dissonance. S'il retouche un morceau, c'est pour retrancher et non pour ajouter; il ne greffe pas, il coupe, ne voulant rien laisser que d'essentiel. Auguste Vacquerie pourrait dire comme Joubert : « S'il est un homme tourmenté par la maudite ambition de mettre tout un livre dans une page, toute une page dans une phrase, et cette phrase dans un mot, c'est moi. » Cette sobriété mâle, sans complaisance pour elle-même, et qui s'interdit tout ornement inutile, l'auteur de *l'Enfer de l'esprit* et des *Demi-teintes* l'apporte dans tout ce qu'il fait. Ce poëte a en lui un mathématicien qui se demande toujours : « A quoi bon? » Sa pensée, haute, droite, peu flexible, ne connaît pas les moyens termes, et quand par hasard elle se trompe, c'est avec une conscience imperturbable, un aplomb effrayant et une rigueur de déductions qui vous stupéfie. L'erreur, avec cette netteté et cette logique de formes, prend le caractère de la vérité. Dans sa froide outrance, le poëte, parfaitement tranquille, pousse les choses jusqu'à leurs dernières conséquences logiques, le point de vue une fois accepté. Il est bien entendu qu'il ne s'agit ici que de détails purement littéraires. Malgré des bizarreries auxquelles on a donné trop d'importance, Vacquerie aime le beau, le vrai et le bien, d'un amour qui ne s'est jamais démenti. Depuis 1845, date de son dernier volume, il semble avoir quitté la poésie pure pour le théâtre et la critique.

Maintenant nous voici dans un grand embarras : il conviendrait de mettre à la suite de ces écrivains, qui ont versifié avant 1948, et versifient encore de nos jours, un auteur qui nous est cher, mais qu'il nous serait difficile de louer et impossible de maltraiter. Comme les poëtes ne se gênent guère pour dire aux prosateurs qui les critiquent « *Ne sutor ultra crepidam,* » on a confié à un poëte la tâche difficile de parler de ses confrères. Mais ce poëte, qui n'est autre que nous-même et qui doit à ses travaux de journaliste la petite notoriété de son nom, a naturellement fait des œuvres en vers. Trois recueils portent son nom : *Albertus, la Comédie de la Mort, Émaux et Camées*. Les deux premiers rentrent dans le cycle carlovingien du romantisme; ils vont de 1830 à 1838. Fondus en un seul volume et complétés par des pièces de vers de date plus récente, ils représentent la vie poétique de l'auteur jusqu'en 1845. Nous n'avons pas à nous en occuper. Mais *Émaux et Camées*, imprimés en 1853, réunissent toutes les conditions nécessaires pour être cités dans ce travail : les omettre semblerait peut-être une affectation de modestie plus déplaisante que l'amour-propre d'en parler. D'ailleurs nous ne le ferons que sous toutes les réserves commandées par la position du critique et de l'auteur. Ce titre, *Émaux et Camées*, exprime le dessein de traiter sous forme restreinte de petits sujets, tantôt sur plaque d'or ou de cuivre avec les vives couleurs de l'émail, tantôt avec la roue du graveur de pierres fines, sur l'agate, la cornaline ou l'onyx. Chaque pièce devait être un médaillon à enchâsser sur le couvercle d'un coffret, un cachet à porter au doigt, serti dans une bague, quelque chose qui rappelât les empreintes de médailles antiques qu'on voit chez les peintres et les sculpteurs. Mais l'auteur ne s'interdisait nullement de découper dans les tranches laiteuses ou fauves de la pierre un pur profil moderne, et de coiffer à la mode des médailles syracusaines des Grecques de Paris entrevue au dernier bal. L'alexandrin était trop vaste pour ces modestes ambitions, et l'auteur n'employa que le vers de huit pieds, qu'il refondit, polit et cisela avec tout le soin dont il était capable. Cette forme, non pas nouvelle, mais renouvelée par le soin du rhythme, la richesse de la rime et la précision que peut obtenir tout ouvrier patient terminant à loisir une petite chose, fut accueillie assez favorablement, et les vers de huit pieds groupés en quatrains devinrent pour quelque temps un sujet d'exercice parmi les jeunes poëtes.

II

La révolution de Février ne fut pas une révolution littéraire; elle produisit plus de brochures que d'odes. La rumeur de la rue étourdissait la rêverie; la politique, les systèmes, les utopies occupaient et passionnaient les imaginations, et les poëtes se taisaient, sachant qu'ils auraient chanté pour des sourds. Cependant, de tout ce tumulte, il jaillit une figure originale : Pierre Dupont. Il réalisa à peu près l'idéal qu'on se faisait d'un poëte populaire, et fut l'Auguste Barbier de cette révolution, bien qu'il n'y eût aucun rapport entre ses *Chansons* et les *Iambes*. Pierre Dupont, quelque temps avant Février, avait obscurément cherché sa voie et essayé plusieurs sentiers qui l'éloignaient du but. Laissant, enfin, les imitations et les formes convenues, il osa être lui-même et inventa une chanson nouvelle qui ne doit rien à Béranger et semble d'abord étrangère à l'art, quoiqu'il y en ait du plus fin et du plus délicat, caché sous une apparente rusticité. Cette chanson n'a pas l'air d'être faite par un homme de lettres dans son cabinet. Elle rappelle les cantilènes des paysans suivant leurs charrues, des pâtres gardant leurs troupeaux, des filles tournant leurs fuseaux au seuil des chaumières, des compagnons faisant leur tour de France, ou des mères endormant leurs nourrissons.

Ces chansons-là, où l'âme du peuple balbutie ses secrets sentiments dans une langue naïve, incomplète et charmante comme celle de l'enfance, se font toutes seules, sur des vieux thèmes toujours jeunes et aussi anciens que le monde. L'air naît avec les paroles d'un soupir de pipeau, d'une plainte du vent, d'une roulade du rossignol ou d'un trille de l'alouette. Un bouvreuil dans la haie siffle la rime qui manque, et si la rime ne vient pas, on s'en passe ou on la remplace par une vague assonance. Quel poëte de profession n'a parfois jalousé ces couplets d'une grâce si naturelle et si touchante, et ne s'est dit qu'il donnerait volontiers ses plus beaux bouquets composés avec d'éclatantes fleurs de serre, pour une de ces poignées d'herbes des champs mêlées de fleurettes sauvages au parfum agreste !

Le mérite de Pierre Dupont est d'avoir donné cette saine et fraîche impression à un public animé de passions brûlantes. Il a fait apparaître la nature au milieu de l'émeute et reporté la pensée aux calmes horizons. Sa chanson des *Bœufs* a eu une vogue immense, vogue dont elle était digne, chose rare, car souvent le peuple s'engoue de quelque inepte refrain. Toute la France, vers ce temps-là, a chanté d'une voix plus ou moins juste « les grands bœufs blancs marqués de roux. » C'était à la fois une chanson de paysan et de poëte, où un sentiment énergique s'exprimait avec des images naïvement charmantes et tirées de la vie champêtre dans un style d'un fin travail, dont l'artifice ne se laissait pas voir.

La Musette est dans son genre un petit chef-d'œuvre, une sorte d'idylle de Théocrite en couplets d'un ton plus humble et plus familier. A entendre le poëte donnant des conseils sur la peau et le bois à choisir, sur la manière de percer les trous des tuyaux à leur juste place et la façon de faire dire à l'instrument gonflé par le souffle d'une poitrine humaine les douleurs, les joies et les amours, on dirait un Faune enseignant à un berger d'églogue l'art de joindre avec de la cire les roseaux d'une flûte de Pan. Mais n'allez pas croire à une imitation ou à une réminiscence classique. La chanson est telle qu'un pâtre la pourrait chanter en surveillant ses chèvres du haut d'une roche. Pas un mot littéraire n'y détone, et cependant l'art est satisfait. *Le Louis d'or, la Véronique, le Repos du soir,* sont de charmantes inspirations, ainsi que d'autres morceaux peignant la vie des champs avec une sincérité de couleur qui n'exclut ni la grâce ni la poésie. Il y a du Burns chez Pierre Dupont. Sa pensée, habituée au spectacle de la nature, prend aisément un tour rêveur et contemplatif; mais l'auteur des *Bœufs* n'est pas seulement un poëte bucolique qui, dans son vallon de Tempé, reste étranger aux agitations des villes ou n'en perçoit que de lointaines rumeurs.

comme les bergers de Virgile se demandant sous l'ombrage ce que peut bien être cette Rome dont on parle tant. Pierre Dupont vivait en pleine fournaise sur le cratère même du volcan, et chaque événement politique lui inspirait un chant dont il composait l'air, et qu'il chantait lui-même comme un aède antique dans les réunions, les clubs et les ateliers, d'une voie pure et sonore, que bientôt la fatigue brisa, car on lui redemandait sans cesse ces stances dont le refrain était souvent repris en chœur, dès le second couplet, par l'assistance enthousiasmée. On eut ainsi pendant quelques mois ce spectacle assurément original et rare dans une civilisation aussi avancée que la nôtre d'un poëte accomplissant sa fonction d'une façon directe, et communiquant en personne avec le public au lieu de confier son inspiration au livre. Il ne lui manquait que la lyre primitive faite d'une écaille de tortue et de cornes de bœuf.

La chanson politique de Pierre Dupont contient plus d'utopie que de satire, plus de tendresse que de haine. Il rêve la fraternité, la paix universelle, l'accession de tous au bonheur. Selon lui, le glaive brisera le glaive et l'amour sera plus fort que la guerre. L'étreinte de la lutte est une sorte d'embrassement, et les peuples qui se sont combattus sont bien près de s'aimer. A travers toutes ces chimères au moins généreuses reparaît toujours l'aspiration à la vie champêtre. Le sentiment profond de la nature perce au milieu d'un couplet qui veut être socialiste. Le *Chant des ouvriers*, qui ressemble sous plus d'un rapport à la fameuse chanson des *Gueux* de Béranger, et qui exprime avec une insouciance joyeuse et mélancolique la solidarité des braves cœurs dans la misère, renferme une note toute particulière et spéciale à Pierre Dupont. Ce cri soudain :

> Nous nous plairions au grand soleil
> Et sous les rameaux verts des chênes!

enlève l'âme du milieu sombre où elle se trouve. Une bouffée d'air pur et un gai rayon de lumière entre dans ces taudis sombres faits pour loger des hiboux plutôt que des hommes. Ce coup d'aile vers

l'azur manque à la chanson de Béranger, d'un tour si net d'ailleurs
et d'un rhythme si entraînant.

A ce moment, et sans fol éblouissement d'orgueil, Pierre Dupont
put se dire un poëte populaire et national. Il croyait avoir à jamais
mêlé son nom à la grandeur des choses ou du moins à ce qui
paraissait grand alors; mais dans l'art les événements passent, et
la beauté seule reste. La Muse est jalouse; elle a la fierté d'une
déesse et ne reconnaît que son autonomie. Il lui répugne d'entrer
au service d'une idée, car elle est reine, et dans son royaume tout
doit lui obéir. Elle n'accepte de mot d'ordre de personne, ni d'une
doctrine ni d'un parti, et si le poëte, son maître, la force à marcher en tête de quelque bande chantant un hymne ou sonnant
une fanfare, elle s'en venge tôt ou tard. Elle ne lui souffle plus
ces paroles ailées qui bruissent dans la lumière comme des abeilles
d'or, elle lui retire l'harmonie sacrée, le nombre mystérieux, elle
fausse le timbre de ses rimes et laisse s'introduire dans ses vers
des phrases de plomb prises au journal ou au pamphlet. Ce n'est
pas qu'elle se refuse absolument à l'inspiration contemporaine; elle
peut être émue des grands événements et jeter dans l'ode un cri
sublime, mais elle veut garder la liberté d'aller à ses heures écouter
dans les bois les voix éternelles de la nature ou reprendre grain à
grain le chapelet de ses souvenirs. Elle fera toujours aux partis la
fière réponse du poëte allemand Lenau.

« La poésie alla dans le bois profond, cherchant les sentiers sacrés
de la solitude : soudain s'abat autour d'elle un bruyant essaim qui
crie à la rêveuse : « Que cherches-tu ici? laisse donc briller les
« fleurs, murmurer les arbres, et cesse de semer çà et là de tendres
« plaintes impuissantes, car voici venir une école virile et faite pour
« les armes! Ce ne sont pas les bois qui t'inspireront un chant éner-
« gique. Viens avec nous, mets tes forces au service de notre cause;
« des éloges dans nos journaux récompenseront généreusement
« chaque pas que tu feras pour nous. Élève-toi à des efforts qui
« aient pour but le bonheur du ~~onde; ne laisse pas ton cœur se

« rouiller dans la solitude : sors enfin de tes rêves ; deviens sociale ;
« fais-toi la fiancée de l'action, sans quoi tu te rideras comme une
« vieille fille ! »

« La poésie répondit : « Laissez-moi : vos efforts me sont suspects ;
« vous prétendez affranchir la vie et vous n'accordez pas à l'art la
« liberté ! Les fleurs n'ont jamais fait de mensonge ; bien plus sûre-
« ment que vos visages bouleversés par la fureur, leurs fraîches
« couleurs m'annoncent que la profonde blessure de l'humanité
« va se guérir. Le murmure prophétique des bois me dit que le
« monde sera libre ; leur murmure me le crie plus intelligiblement
« que ne le font vos feuilles avec tout leur fracas de mots d'où l'âme
« est absente, avec toutes leurs fanfaronnades discréditées. Si cela
« me plaît, je cueillerai ici des fleurs ; si cela me plaît, je vouerai
« à la liberté un chant, mais jamais je ne me laisserai enrôler par
« vous. » Elle dit et tourna le dos à la troupe grossière. »

Pierre Dupont n'eut pas le mépris hautain de Lenau pour cette
popularité du moment ; il fit chanter à sa muse le refrain voulu,
mais il n'y gagna pas grand'chose.

Peu à peu tout ce tumulte s'apaisa. Ces refrains qui vous pour-
suivaient de la rue au théâtre, comme un motif obsesseur dont on
ne peut se débarrasser et qu'on entend toujours bourdonner à son
oreille, cessèrent de voltiger sur la bouche des hommes. Le silence
se fit autour du poëte. A la vogue méritée succéda l'oubli injuste.
L'ombre descendit sur le front où la popularité sembloit avoir posé
un laurier éternel. D'autres préoccupations s'emparèrent des esprits ;
mais Pierre Dupont gardera cette gloire d'avoir cru à la poésie
lorsque tout le monde se tournait vers la politique.

Un nouveau poëte n'allait pas tarder à surgir, et si dans Pierre
Dupont on sentait palpiter l'époque où il a chanté, il serait impossible d'assigner aucune date aux *Poëmes antiques* de Leconte de Lisle,
dont s'émurent tout de suite ceux qui, en France, sont sensibles
encore à l'art sérieux. Rien de plus hautainement impersonnel, de
plus en dehors du temps, de plus dédaigneux de l'intérêt vulgaire

et de la circonstance. Tout ce qui peut attirer et charmer le public,
l'auteur semble l'avoir évité avec une pudeur austère et une fierté
résolue. Aucune coquetterie, aucune concession au goût du jour.
Profondément imprégné de l'esprit antique, Leconte de Lisle regarde les civilisations actuelles comme des variétés de décadence
et, ainsi que les Grecs, donnerait volontiers le titre de barbares aux
peuples qui ne parlent pas l'idiome sacré. Gœthe, l'olympien de
Weimar, n'eut pas, même à la fin de sa vie, une plus neigeuse et
plus sereine froideur que n'en montra ce jeune poëte à ses débuts,
et pourtant Leconte de Lisle est créole; il est né sous ce climat in-
candescent où le soleil brûle, où les fleurs enivrent conseillant les
vagues rêveries, la paresse et la volupté. Mais rien n'a pu amollir
cette forte et tranquille nature dont l'enthousiasme est tout intellec-
tuel et pour laquelle le monde n'existe que transposé sous des formes
pures dans la sphère éternelle de l'art.

Après une période où la passion avait été en quelque sorte divi-
nisée, où le lyrisme effaré donnait ses plus grands coups d'aile parmi
les nuages et les tonnerres, où les poëtes hasardeux montant Pégase
à cru lui jetaient la bride sur le col et ne se servaient que des éperons, c'était une nouveauté étrange que ce jeune homme venant
proclamer presque comme un dogme l'impassibilité et en faisant
un des principaux mérites de l'artiste.

Le volume des *Poëmes antiques* s'ouvre par une pièce adressée à
la belle Hypatie, cette sainte païenne qui souffrit le martyre pour
les anciens dieux. Hypatie est la muse de Leconte de Lisle et représente admirablement le sens de son inspiration. Elle avait droit à
être invoquée par lui au commencement de ses poëmes, et il lui
devait bien le premier de ses chants. Il a comme elle le regret de
ces dieux superbes, les plus parfaits symboles de la beauté, les plus
magnifiques personnifications des forces naturelles, et qui, déchus
de l'Olympe, n'ayant plus de temples ni d'adorateurs, règnent encore sur le monde par la pureté de la forme. A l'antique mythologie,
le poëte moderne, qui eût dû naître à Athènes au temps de Phidias,

mêle les interprétations platoniciennes et alexandrines. Il retrouve sous les fables du paganisme les idées primitives oubliées déjà, et, comme l'empereur Julien, il le ramène à ses origines. Il est parfois plus Grec que la Grèce, et son orthodoxie païenne ferait croire qu'il a été, ainsi qu'Eschyle, initié aux mystères d'Éleusis. Singulier phénomène à notre époque qu'une âme d'où toute idée moderne est absolument bannie. Dans son fervent amour de l'hellénisme, Leconte de Lisle a rejeté la terminologie latine adaptée aux noms grecs, on ne sait trop pourquoi, et qui enlève à ces mots si beaux en eux-mêmes une partie de leur sonorité et de leur couleur. Chez lui Jupiter redevient Zeus, Hercule Héraclès, Neptune Poséidon, Diane Artémis, Junon Héré, et ainsi de suite. Le centaure Chiron a repris le *k*, qui lui donne un aspect plus farouche, et les noms de lieux ne se produisent dans les vers du poëte qu'avec leur véritable orthographe et leurs épithètes traditionnelles. Ce sont là sans doute des détails purement extérieurs, mais qui ne sont pas indifférents. Ils ajoutent à la beauté métrique par leur harmonie et leur nouveauté; leurs désinences inusitées amènent en plusieurs endroits des rimes imprévues, et dans notre poésie, privée de brèves et de longues, c'est un bonheur qu'une surprise de ce genre; l'oreille qui attend un son aime à être trompée par une résonnance d'un timbre antique. Peut-être Leconte de Lisle pousse-t-il la logique de son système trop loin lorsqu'il appelle les parques les *moires*, les destinées les *kères*, le ciel *ouranos*. Il serait plus simple alors d'écrire en grec; mais bientôt l'on se fait à ces restitutions des noms antiques qui occupent d'abord un peu l'œil, et l'on jouit sans effort et sans fatigue de cette poésie austère, noble et pure, qui produit l'effet d'un temple d'ordre dorique découpant sa blancheur sur un fond de montagnes violettes ou sur un pan de ciel bleu. Quelquefois, non loin du temple, des statues de héros, de déesses ou de nymphes, ayant derrière elles des massifs de myrtes et de lauriers-roses, dessinent leur beauté chastement nue dans la chair étincelante du Paros. C'est tout l'ornement que le sobre artiste se permet.

Le grec d'André Chénier, quoiqu'il respire le plus pur sentiment de l'antiquité, est encore mêlé de latin comme un passage d'Homère imité par Virgile, comme une ode de Pindare qu'aurait traduite Horace. L'hellénisme de Leconte de Lisle est plus franc et plus archaïque; il jaillit directement des sources, et il ne s'y mélange aucun flot moderne. Certains de ses poëmes font l'effet d'être traduits d'originaux grecs ignorés ou perdus. On n'y trouve pas la grâce ionienne qui fait le charme du *Jeune malade*, mais une beauté sévère, parfois un peu froide et presque éginétique, tellement le poëte est rigoureux pour lui-même. Ce n'est pas lui qui ajouterait trois cordes à la lyre, comme Terpandre; les quatre cordes primitives lui suffisent. Peut-être même Leconte de Lisle est-il trop sévère, car il y a, ce nous semble, dans le génie grec quelque chose de plus ondoyant, de plus souple et de moins résolûment arrêté.

Il se dégage des vers de Leconte de Lisle, en dépit de ses aspirations antiques, un sentiment qu'on ne rencontre pas dans la poésie grecque et qui lui est personnel. C'est un désir d'absorption au sein de la nature, d'évanouissement dans l'éternel repos, de contemplation infinie et d'immobilité absolue qui touche de bien près au *nirvana* indien. Il proscrit la passion, le drame, l'éloquence, comme indignes de la poésie, et de sa main froide il arrêterait volontiers le cœur dans la poitrine marmoréenne de la Muse. Le poëte, selon lui, doit voir les choses humaines comme les verrait un dieu du haut de son Olympe, les réfléchir sans intérêt dans ses vagues prunelles et leur donner, avec un détachement parfait, la vie supérieure de la forme : telle est, à ses yeux, la mission de l'art. De semblables doctrines font bientôt quitter le Pinde pour le mont Mérou et l'Ilissus pour le Gange. Aussi aux poëmes helléniques succèdent des poëmes indous, où des noms harmonieusement bizarres s'épanouissent comme des lotus et résonnent comme les grelots d'or aux chevilles de Vasantaséna. L'hymne orphique est coudoyé par l'hymne védique; Çurya, Bhagavat, Çunacépa, Viçvamitra, Çanta, déroulent les vagues cosmogonies indiennes en vers magnifiques tantôt constellés d'images qui ressemblent aux pierreries et aux perles semées sur le vêtement des maharadjahs, tantôt inextricablement touffus comme les jungles où se rase le tigre, où se lève la cobra capello, où le singe descendant d'Hanouman rit et grince des dents, suspendu aux lianes; mais toujours, par quelque trouée, apparaît la pensée sereine du poëte dominant son œuvre comme le sommet blanc d'un Himalaya, dont aucun soleil, même celui de l'Inde, ne saurait fondre la neige éternelle et immaculée.

Nous l'avons dit, Leconte de Lisle est créole, et, quoiqu'il n'ait pas subi l'énervante influence du climat, il excelle à reproduire cette nature si riche et si colorée avec sa flore, dont les noms résonnent voluptueusement à l'oreille comme de la musique, et semblent répandre des parfums inconnus. *La ravine Saint-Gilles*, *le Manchy*, *le Sommeil du condor* expriment avec un éclat incomparable ce monde étincelant, où les fleurs s'épanouissent au milieu d'une fraîcheur embrasée.

Mais le chef-d'œuvre peut-être du poëte est une pièce intitulée *Midi*, que sait par cœur quiconque en France aime encore les vers. La scène semble se passer dans un paysage de la Provence, de l'Italie méridionale ou de l'Afrique du Nord, car ce n'est plus la luxuriante végétation des forêts vierges, mais le feuillage sobre et la ligne accusée de l'Europe. Midi, l'heure de l'implacable clarté et du soleil vertical versant ses rayons plombés sur la terre silencieuse, l'heure qui ne laisse à l'ombre qu'une étroite ligne bleue au bord des bois où rêvent les bœufs agenouillés dans l'herbe, Midi convient à ce poëte ferme et précis, ennemi des contours vaporeux et fuyants. Il sait en rendre, mieux que personne ne l'a fait avant lui, l'accablement lumineux et la sereine tristesse. Dans ses vers, la flamme de l'atmosphère semble danser aux chants des cigales; mais le poëte ne demande aucune consolation à la nature indifférente et morne; il n'implore d'elle que son éternel repos et son néant divin.

La Grèce, l'Inde et la nature tropicale ne retiennent pas exclusivement Leconte de Lisle; il fait de nombreuses excursions dans les mythologies du Nord; il feuillette les runes et les sagas, et dans ses *Poëmes barbares* on le prendrait pour un Scalde chantant la guerre avant la bataille, car il s'assimile avec une aisance merveilleuse le sentiment, la forme et la couleur des poésies primitives. Retiré dans sa fière indifférence du succès ou plutôt de la popularité, Leconte de Lisle a réuni autour de lui une école, un cénacle, comme vous vou... l'appeler, de jeunes poëtes qui l'admirent avec raison, ca... il a toutes les hautes qualités d'un chef d'école, et qui l'imitent du mieux qu'ils peuvent, ce dont on les blâme à tort, selon nous, car celui qui n'a pas été disciple ne sera jamais maître, et, quoi qu'on en puisse dire, la poésie est un art qui s'apprend, qui a ses méthodes, ses formules, ses arcanes, son contre-point et son travail harmonique. L'inspiration doit trouver sous ses mains un clavier parfaitement juste, auquel ne manque aucune corde.

On peut regarder Leconte de Lisle comme une des plus fortes individualités poétiques qui se soient produites dans cette dernière période : il a son cachet partout reconnaissable. Si le fond de son talent est antique, s'il relève, dans une certaine proportion, d'André Chénier, d'Alfred de Vigny et de Laprade, et s'il a profité des perfectionnements apportés dans la métrique et le rhythme par la nouvelle école, il possède un coin à son effigie avec lequel il frappe toute sa monnaie, qu'elle soit d'or, d'argent ou de bronze.

Bien qu'il se rattache par ses admirations et la nature de son talent à la grande école de 1830, Louis Bouilhet appartient par son âge et son début à la période actuelle. Il s'est laissé détourner de la poésie pure par le théâtre, où le brillant accueil qu'il a reçu le retiendra peut-être toujours. Mais il n'en a pas moins fait trois volumes de vers qui eussent suffi à sa réputation, quand même il n'eût pas abordé la scène, où la lumière se fait si vite sur un nom parfois obscur la veille. Le premier de ces recueils, intitulé *Melænis*, est un poëme d'assez longue haleine pour remplir à lui seul le volume. Le cas vaut la peine d'être noté dans ce temps d'inspirations élégiaques, lyriques, intimes et presque toujours personnelles. Les poëmes sont rares parmi les livres de vers, presque toujours composés de pièces détachées. En général, la composition est assez négligée par les poëtes modernes, qui se fient trop aux hasards heureux de l'exécution et à ces beautés de détail qu'amènent quelquefois la recherche ou la rencontre des rimes; car, de même qu'un motif jaillit sous les doigts du musicien laissant errer ses doigts sur les touches, une idée, une image résultent souvent des chocs de mots évoqués pour les nécessités métriques.

Melænis est un poëme romain où se révèle, dès les premiers vers, une familiarité intime avec la vie latine. L'auteur se promène dans la Rome des empereurs sans hésiter un instant, du quartier de Saburre au mont Capitolin. Il connaît les tavernes où, sous la lampe fumeuse, boivent, se battent et dorment les histrions, les gladiateurs, les muletiers, les prêtres saliens et les poëtes, pendant que danse quelque esclave Syrienne ou Gaditane. Il a pénétré dans le laboratoire des pâles Canidies, ténébreuse officine de philtres et de poisons, et sait par cœur les incantations des sorcières Thessaliennes. S'il vous fait asseoir sur le lit de pourpre d'un banquet chez un riche patricien, croyez que Lucullus, Apicius ou Trimalcion ne trouveraient rien à redire au menu. Pétrone, l'arbitre des élégances et l'intendant des plaisirs de Néron, n'ordonne pas une orgie avec une volupté plus savante, et quand Paulus, le héros du poëme, oublieux déjà de Melænis, la belle courtisane amoureuse, quitte le triclinium pour errer dans le jardin mystérieux où l'attend Marcia, la jeune femme de l'édile, le vers, qui, tout à l'heure, s'amusait à rendre avec un sérieux comique les bizarres somptuosités de la cuisine romaine ou les grimaces grotesques du nain Stellio, devient tout à coup tendre, passionné, baigné de parfums, azuré par des reflets de clair de lune, opposant sa douce lueur bleuâtre au rouge éclat de la salle du festin. Mais nous n'avons pas à faire ici l'analyse de *Melænis*, l'espace nous manque pour cela. Qu'il nous suffise de dire que Louis Bouilhet, dans le cadre d'une histoire romanesque, a fait entrer de nombreux tableaux de la vie antique, où la science de l'archéologue ne nuit en rien à l'inspiration du poëte. *Melænis* est écrite dans cette stance de six vers à rime triplée qu'a employée souvent l'auteur de *Namouna*, et nous le regrettons, car cette ressemblance purement métrique a fait supposer chez Bouilhet l'imitation volontaire ou involontaire d'Alfred de Musset, et jamais poëtes ne se ressemblèrent moins. La manière de Bouilhet est robuste et imagée, pittoresque, amoureuse de couleur locale; elle abonde en vers pleins, drus, spacieux, soufflés d'un seul jet, pour nous servir des expressions de Sainte-Beuve dans ses remarques si fines sur les différences de la poésie classique et de la poésie romantique, qui accompagnent l'œuvre de *Joseph Delorme*.

Les Fossiles, le titre l'indique assez, ont pour sujet le monde antédiluvien, avec sa population de végétaux étranges et de bêtes monstrueuses, informes ébauches du chaos s'essayant à la création. Bouilhet a tracé dans cette œuvre, la plus difficile peut-être qu'ait tentée un poëte, des tableaux d'une bizarrerie grandiose, où l'imagination s'étaye des données de la science, en évitant la sécheresse didactique.

Comme si ce n'était pas assez des difficultés naturelles du sujet, l'auteur s'est interdit tout terme technique, tout mot qui rappellerait des idées postérieures. Les ptérodactyles, les plésiosaures, les mammouths, les mastodontes apparaissent, se dégageant du chaud limon de la planète à peine refroidie et dont les volcans crèvent la croûte, rondelles fusibles du feu central, évoqués par une description puissante, mais innommés; on les reconnaît seulement à leur forme et à leur allure. Rien de plus terrible que leurs amours et leurs combats à travers les végétaux gigantesques de la première période, au bord de la mer bouillonnante, dans une atmosphère chargée d'acide carbonique et sillonnée par les foudres de nombreux orages. Le colossal, l'énorme, le bizarre, tout ce qui est empreint d'une couleur étrange et splendide attire M. Bouilhet, et c'est à la peinture de tels sujets qu'est surtout propre son hexamètre large, sonore et puissant, d'une facture vraiment épique, qui rappelle parfois la matière ample et forte de Lucrèce. L'apparition du premier couple humain clot le poëme, et l'auteur, prévoyant dans l'avenir de nouvelles révolutions cosmiques, salue l'avénement d'un Adam nouveau, personnification d'une humanité supérieure. Dans son volume *Festons et Astragales*, Louis Bouilhet se livre à tous les caprices d'une fantaisie vagabonde. En de courtes pièces, il résume la couleur d'une civilisation ou d'une barbarie. L'Inde, l'Égypte, la Chine, peintes avec quelques traits caractéristiques, y figurent tour à tour dans tout l'éclat de leur bizarrerie. Les sujets modernes semblent moins favorables à la verve du poëte, quoique *Festons et Astragales* contiennent quelques pièces personnelles d'un tour vif et d'un sentiment exquis.

C'est presque au lendemain de la révolution de Février, quand à peine les pavés des barricades étaient remis en place, que fut représentée à l'Odéon *la Fille d'Eschyle*, de Joseph Autran, et avec un succès qui l'emporta sur les graves préoccupations politiques du moment.

Nous transcrivons ici les quelques lignes servant de début à notre feuilleton du 27 mars 1848 ; elles donnent la note juste de l'impression ressentie à cette fiévreuse époque. « Du premier coup, M. J. Autran a conquis l'escabeau d'ivoire sous le portique de marbre blanc où trônent les demi-dieux de la pensée. Ces Grecs de Marseille qui habitent une rive dorée entre le double azur du ciel et de la mer, ont de naissance la familiarité de l'antique : le rhythme, le nombre, l'harmonie leur sont naturels ; d'une sensualité athénienne à l'endroit du beau, ils ont un amour de la forme plastique rare en France, où l'on est plus penseur qu'artiste. Marseille est la patrie de la rime riche, des épithètes sonores, de l'alexandrin musical. Là, les poëtes ont encore une lyre et improviseraient aisément leurs vers sur quelque promontoire, en face des flots et du soleil, au milieu d'un cercle d'auditeurs, comme sur le cap Sunium ou le môle de Naples. »

La couronne de l'académie confirma le jugement du public, et *la Fille d'Eschyle* put mettre le laurier sur le front de son père, injustement vaincu par d'indignes rivaux à son dernier combat tragique.

Nous n'avons ici à nous occuper que de la poésie proprement dite, en dehors de la forme scénique; mais il fallait bien mentionner cette élégante et noble tragédie, sculptée dans le plus pur marbre pentélique, et que l'auteur appelle modestement « étude, » puisque c'est au théâtre que le poëte s'est produit la première fois d'une façon si brillante.

Après un tel triomphe, car l'auteur, rappelé par les cris d'enthousiasme de toute la salle, fut obligé de paraître sur la scène tout tremblant et comme effrayé de son succès, il faut une rare philosophie et un bien pur amour de l'art pour rentre— dans l'ombre studieuse et rimer loin de la foule, comme un poët— —u.

Il faut le dire, *la Fille d'Eschyle* n'était pas la première œuvre du poëte; il avait lancé, de 1835 à 1840, quelques ballons d'essai que l'œil distrait de la foule avait laissés se perdre dans l'azur ou dans le nuage. On n'arrive guère chez nous à la notoriété soudaine que par le théâtre, et Autran, malgré sa réussite à l'Odéon, était encore plus un poëte lyrique qu'un poëte dramatique.

Né au bord de la Méditerranée, il avait eu tout enfant l'œil rempli de cet azur amer, plus pur encore que celui du ciel. Il aimait les vagues venant briser en écume d'argent leurs volutes harmonieuses, qui se succèdent avec régularité comme de belles rimes aux syllabes sonores, les voiles fuyant à l'horizon, pareilles à des plumes de colombe, les fanaux des pêcheurs illuminant les flots sombres et faisant lutter leurs reflets rouges contre les lueurs bleues de la lune, et cette idée lui vint que, jusqu'à ce jour, la mer n'avait pas eu de poëte spécial. Sans doute, Homère, Virgile la donnent pour fond à leurs figures; mais ils en parlent plutôt avec un respect craintif qu'avec un véritable enthousiasme lyrique. Les passages où ils font allusion à l'élément *perfide* et *stérile* ne sont pas des *marines* dans

le vrai sens du mot. Byron, de tous les poëtes, celui qui aime le
mieux la mer, lui adresse souvent de belles strophes, et, dans son
épopée semi-séria, il a peint un naufage avec une vérité étonnante.
La barque de Don Juan vaut bien le radeau de la Méduse; mais
Byron n'est pas, non plus que Delacroix, qui a tiré des octaves du
noble lord un si admirable tableau, un peintre spécial de marines.
J. Autran a voulu combler cette lacune en publiant vers 1852 *les
Poëmes de la mer,* où il la représente sous tous ses aspects, lumineuse
et sereine, écumante et sombre, dans le calme ou la tempête, dorée
par le soleil, argentée par la lune, roulant dans ses plis une feuille
du laurier de Virgile ou une orange de Sorrente, effleurée au vol
de la mouette, sillonnée de barques aux voiles blanches, belle de
sa beauté fluide et multiforme qui se défait et se refait sans cesse,
et cela   pas d'une manière sèche et didactique à la façon des
vieux p   descriptifs, mais avec l'âme humaine mêlée à l'im-
mensité et plus grande qu'elle encore.   .

   Dans la préface de ce livre, l'auteur semble se tracer sa tâche
pour l'avenir, tâche qu'il a remplie déjà avec une fidélité que n'ont
pas toujours les poëtes. Voici ses propres paroles : « Selon nous, il
est ici-bas trois grands et trois magnifiques métiers, auxquels sont
dus les honneurs de la muse : l'agriculture, la guerre, la navigation.
Laboureurs, soldats et matelots, telles sont les trois primordiales
divisions de la famille humaine; les trois plus considérables catégories de notre espèce laborieuse, souffrante et glorieuse, résident là
tout entières. »

   Laboureurs et soldats ont suivi de près *les Poëmes de la mer,* et les
trois grandes catégories humaines ont été célébrées en beaux vers,
qui tiennent de Laprade pour la sérénité lumineuse et de Méry
pour le timbre d'or des rimes. *Milianah* et *la Vie rurale,* qui servent
de complément à *Soldats et laboureurs,* montrent chez le poëte la
persistance de l'idée émise en son premier volume.

   L'école romantique a remis en honneur le sonnet, depuis si
longtemps délaissé. La gloire de cette réhabilitation appartient à

Sainte-Beuve, qui, dans les poésies de *Joseph Delorme*, s'écria le premier :

> Ne ris pas des sonnets, ô critique moqueur !

Il en a fait lui-même qui valent de longs poëmes, car ils sont sans défauts, et depuis lors cette forme charmante, taillée à facettes comme un flacon de cristal, et si merveilleusement propre à contenir une goutte de lumière ou d'essence, a été essayée par un grand nombre de jeunes poëtes. On a remarqué toutefois que Victor Hugo, le grand forgeur de mètres, l'homme à qui toutes les formes, toutes les coupes, tous les rhythmes sont familiers, n'a jamais fait de sonnet; Goëthe s'abstint aussi de cette forme pendant longtemps, ces deux aigles ne voulant sans doute pas s'emprisonner dans cette cage étroite. Cependant Goëthe céda, et tardivement il composa un sonnet qui fut un événement dans l'Allemagne littéraire.

Entre tous ceux qui aujourd'hui *sonnent le sonnet*, pour parler comme les Ronsardisants, le plus fin joaillier, le plus habile ciseleur de ce bijou rhythmique, est Joséphin Soulary, l'auteur des *Sonnets humouristiques*, imprimés, avec un soin à ravir les bibliophiles, par Perrin, de Lyon. L'écrin valait presque les diamants qu'il contenait, et avertissait qu'on avait affaire à des choses précieuses. Ce sont en effet des joyaux rares, exquis et de la plus grande valeur, que les sonnets de Joséphin Soulary; toutes les perles y sont du plus pur orient, tous les diamants de la plus belle eau, toutes les fleurs des nuances les plus riches et des parfums les plus suaves.

Au commencement de son livre, il compare sa Muse à une belle fille enfermant son corps souple dans un corset juste et un vêtement qui serre les formes en les faisant valoir. L'idée entrant dans le sonnet qui la contient, l'amincit et en assure le contour, ressemble en effet à cette beauté qu'un peu de contrainte rend plus svelte, plus élégante et plus légère. Le talent de Joséphin Soulary, d'une concentration extrême, est une essence passée plusieurs fois par l'alambic et qui résume en une goutte les saveurs et les parfums qui flottent épars chez les autres poëtes. Il possède au plus haut degré la concision, la texture serrée du style et du vers, l'art de réduire une image en une épithète, la hardiesse d'ellipse, l'ingéniosité subtile et l'adresse d'emménager dans la place circonscrite qu'il est interdit de dépasser jamais, une foule d'idées, de mots et de détails qui demanderaient ailleurs des pages entières aux vastes périodes. Ceux qui aiment les lectures faciles et tournent les pages d'un doigt distrait pourraient trouver le style de Joséphin Soulary un peu obscur ou malaisé à comprendre; mais le sonnet comporte cette difficulté savante. Pétrarque ne se lit pas couramment, et l'Italie, où l'on sait apprécier le sonnet, a envoyé au poëte une médaille d'or avec cette inscription : *Giuseppe Soulary le muse francesi guidò ad attingere alle Itale fonti.*

Dans un temps de fécondité débordante, c'est bien peu, nous le savons, qu'un volume de sonnets; mais nous préférons à des bibliothèques de gros volumes d'un intérêt mélodramatique cette fine étagère finement sculptée qui soutient des statuettes d'argent ou d'or d'un goût exquis et d'une élégance parfaite dans leur dimension restreinte, des buires d'agate ou d'onyx, des cassolettes d'émail contenant des parfums concentrés, de précieux vases myrrhins opalisés de tous les reflets de l'iris, et parfois un de ces charmants petits vases lacrymatoires d'argile antique contenant une larme durcie en perle pour qu'elle ne s'évapore pas.

Sur les confins extrêmes du romantisme, dans une contrée bizarre éclairée de lueurs étranges, s'est produit, quelque peu après 1848, un poëte singulier, Charles Baudelaire, l'auteur des *Fleurs du mal,* un recueil qui fit à son apparition un bruit dont n'est pas ordinairement accompagnée la naissance des volumes de vers. *Les Fleurs du mal* sont en effet d'étranges fleurs, ne ressemblant pas à celles qui composent habituellement les bouquets de poésies. Elles ont les couleurs métalliques, le feuillage noir ou glauque, les calices bizarrement striés, et le parfum vertigineux de ces fleurs exotiques qu'on ne respire pas sans danger. Elles ont poussé sur l'humus noir des civilisations corrompues, ces fleurs qui semblent avoir été rapportées de l'Inde ou de Java, et le poëte se plaît à les cultiver de préférence aux roses, aux lis, aux jasmins, aux violettes et aux vergiss-mein-nicht, innocente flore des petits volumes à couverture jaune paille ou gris de perle. Baudelaire, il faut l'avouer, manque d'ingénuité et de candeur; c'est un esprit très-subtil, très-raffiné, très-paradoxal, et qui fait intervenir la critique dans l'inspiration. Sa familiarité de traducteur avec Edgar Poë, ce bizarre génie d'outre-mer qu'il a le premier fait connaître en France, a beaucoup influé sur son esprit; amoureux des originalités voulues et mathématiques. Virgile a été l'auteur de Dante, Edgar Poë a été l'auteur de Baudelaire, et le *Corbeau* du poëte américain semble parfois croasser son irréparable *never, oh! never more*, dans les vers du poëte parisien; car, bien qu'il ait voyagé aux Indes pendant sa première jeunesse, Baudelaire appartient à Paris, où s'est passée sa vie presque entière et où il vient de s'éteindre, hélas! bien jeune encore. Comme Edgar Poë, il croit à la perversité native. Par perversité, il faut entendre cet instinct étrange qui nous pousse en dépit de notre raison à des actes absurdes, nuisibles et dangereux, sans autre motif que « cela ne se doit pas, » cette méchanceté gratuite, et cette rébellion secrète qui, au milieu des joies du paradis, fit écouter à la première femme les suggestions du serpent, conseils perfides que l'humanité a trop bien retenus.

Du reste, le poëte n'a aucune indulgence pour les vices, les dépravations et les monstruosités qu'il retrace avec le sang-froid d'un peintre de musée anatomique. Il les renie comme des infractions au rhythme universel; car, en dépit de ces excentricités, il aime l'ordre et la *norme*. Impitoyable pour les autres, il se juge non moins sévèrement lui-même; il dit avec un mâle courage ses erreurs, ses défaillances, ses délires, ses perversités, sans ménager l'hypocrisie du lecteur atteint en secret de vices tout pareils. Le dégoût des misères et des laideurs modernes le jette dans un spleen à faire paraître Young folâtre.

Quoiqu'il aime Paris comme l'aimait Balzac, qu'il en suive, cherchant des rimes, les ruelles les plus sinistrement mystérieuses à l'heure où les reflets des lumières changent les flaques de pluie en mares de sang, et où la lune roule sur les anfractuosités des toits noirs comme un vieux crâne d'ivoire jaune, qu'il s'arrête parfois aux vitres enfumées de bouges, écoutant le chant rauque de l'ivrogne et le rire strident de la prostituée, ou sous la fenêtre de l'hôpital pour noter les gémissements du malade dont l'approche d'une aurore blafarde comme lui avive les douleurs, souvent des récurrences de pensée le ramènent vers l'Inde, son paradis de jeunesse, par une percée de souvenir; on aperçoit comme aux féeries, à travers une brume d'azur et d'or, des palmiers qui se balancent sous un vent tiède et balsamique, des visages bruns, aux blancs sourires, essayant de distraire la mélancolie du maître.

Si les artifices de la coquetterie parisienne plaisent au poëte raffiné des *Fleurs du mal*, il ressent une vraie passion pour la singularité exotique. Dans ses vers dominant les caprices, les infidélités et les dépits, reparaît opiniâtrément une figure étrange, une Vénus coulée en bronze d'Afrique, fauve, mais belle, *nigra sed formosa*, espèce de madone noire dont la niche est toujours ornée de soleils en cristal et de bouquets en perle; c'est vers elle qu'il revient après ses voyages dans l'horreur, lui demandant sinon le bonheur, du moins l'assoupissement et l'oubli. Cette sauvage maîtresse, muette et sombre comme un sphinx, avec ses parfums endormeurs et ses caresses de torpille, semble un symbole de la nature ou de la vie primitive à laquelle retournent les aspirations de l'homme las des complications de la vie civilisée dont il ne pourrait se passer peut-être.

Nous ne pouvons pas analyser en détail dans un cadre nécessairement restreint ce volume d'une bizarrerie si profonde. Chaque poésie est réduite par ce talent concentrateur en une goutte d'essence renfermée dans un flacon de cristal taillé à milles facettes : essence de rose, haschich, opium, vinaigre ou sel anglais qu'il faut boire ou respirer avec précaution, comme toutes les liqueurs d'une exquisité intense.

Nous citerons *les Petites Vieilles*, fantaisie singulière, où, sous les délabrements de la misère, de l'incurie ou du vice, l'auteur retrouve avec une pitié mélancolique des vestiges de beauté, des restes d'élégance, un certain charme fané et comme une étincelle d'âme. Une des pièces les plus remarquables du volume est intitulée par le poëte *Rêve parisien* : c'est un cauchemar splendide et sombre, digne des Babels à la manière noire de Martynn. Figurez-vous un paysage extra-naturel ou plutôt une perspective magique faite avec du métal, du marbre et de l'eau, et d'où le végétal est banni comme irrégulier. Tout est rigide, poli, miroitant sous un ciel sans lune, sans soleil et sans étoiles. Au milieu d'un silence d'éternité montent, éclairés d'un feu personnel, des palais, des colonnades, des tours, des escaliers, des châteaux d'eau, d'où tombent comme des rideaux de cristal des cascades pesantes. Des eaux bleues s'encadrent comme l'acier des miroirs antiques dans des quais ou des bassins d'or bruni, ou coulent sous des ponts de pierres précieuses; le rayon cristallisé enchâsse le liquide, et les dalles de porphyre des terrasses reflètent les objets comme des glaces. Le style de cette pièce a le brillant et l'éclat noir de l'ébène. Nous sommes loin, dans ce court poëme composé tout exprès d'éléments factices et produisant des effets contraires aux aspects habituels de la nature, des poésies naïvement sentimentales et des petites chansons de mai où l'on célèbre la tendre verdure des feuilles, le gazouillement des oiseaux et les sourires du soleil.

Baudelaire a pensé qu'il venait dans l'art une époque où tous les grands sentiments généraux et ce qu'on pourrait appeler les sublimes lieux communs de l'humanité avaient été précédemment exprimés aussi bien que possible par des poëtes devenus classiques. Selon lui, il était puéril de chercher à paraître simple dans une civilisation compliquée et de faire semblant d'ignorer ce qu'on savait parfaitement bien; il pensait qu'à l'art naturel des beaux siècles devait succéder un art souple, complexe, à la fois objectif et subjectif, investigateur, curieux, puisant des nomenclatures dans tous les dictionnaires, demandant des couleurs à toutes les palettes, des harmonies à toutes les lyres, empruntant à la science ses secrets, à la critique ses analyses, pour rendre les pensées, les rêves et les postulations du poëte. Ces pensées, il est vrai, n'ont plus la fraîche simplicité du jeune âge; elles sont subtiles, maniérées, entachées de gongorisme, bizarrement profondes, égoïstiquement individuelles, tournant sur elles-mêmes comme la monomanie et poussant la recherche du nouveau jusqu'à l'outrance et au paroxysme. Pour emprunter une comparaison à l'écrivain dont nous essayons de caractériser le talent, c'est la différence de la lumière crue, blanche et directe du midi écrasant toutes choses, à la lumière horizontale du soir incendiant les nuées aux formes étranges de tous les reflets des métaux en fusion et des pierreries irisées. Le soleil couchant, pour être moins simple de ton que celui du matin, est-il un soleil de décadence digne de mépris et d'anathème? On nous dira que cette splendeur tardive où les nuances se décomposent, s'enflamment, s'exacerbent et triplent d'intensité, va bientôt s'éteindre dans la nuit. Mais la nuit, qui fait éclore des millions d'astres, avec sa lune changeante, ses comètes échevelées, ses aurores boréales, ses pénombres mystérieuses et ses effrois énigmatiques, n'a-t-elle pas bien aussi son mérite et sa poésie?

Pour compléter cette physionomie, qu'on nous permette d'emprunter un morceau à une étude que nous écrivions, il y a quelques années, lorsque rien encore ne faisait présager la fin du poëte qui vient de s'éteindre si tristement. Nous rendions l'effet qu'avaient produit sur nous les *Fleurs du mal* par une analogie tirée d'un auteur américain que certes Baudelaire avait dû connaître.

«On lit dans les *Contes* de Nathaniel Hawthorne la description d'un jardin singulier où un botaniste toxicologue a réuni la flore des plantes vénéneuses : ces plantes aux feuillages bizarrement découpés, d'un vert noir ou minéralement glauque, comme si le sulfate de cuivre les teignait, ont une beauté sinistre et formidable. On les sent dangereuses malgré leur charme ; elles ont dans leur attitude hautaine, provocante ou perfide, la conscience d'un pouvoir immense ou d'une séduction irrésistible ; de leurs fleurs férocement bariolées et tigrées, d'un pourpre semblable à du sang figé ou d'un blanc chlorotique, s'exhalent des parfums âcres, pénétrants, vertigineux. Dans leurs calices empoisonnés, la rosée se change en aqua-tofana, et il ne voltige autour d'elles que des cantharides cuirassées d'or vert, ou des mouches d'un bleu d'acier dont la piqûre donne le charbon. L'euphorbe, l'aconit, la jusquiame, la ciguë, la belladone y mêlent leurs froids venins aux ardents poisons des tropiques et de l'Inde. Le mancenillier y montre ses petites pommes mortelles comme celles qui pendaient à l'arbre de science ; l'upa distille son suc laiteux plus corrosif que l'eau-forte. Au-dessus du jardin flotte une vapeur malsaine qui étourdit les oiseaux lorsqu'ils la traversent. Cependant la fille du docteur vit impunément au milieu de ces miasmes méphitiques ; ses poumons aspirent sans danger cet air où tout autre qu'elle et son père boirait une mort certaine. Elle se fait des bouquets de ces fleurs ; elle en pare ses cheveux ; elle en parfume son sein ; elle en mordille les pétales comme les jeunes filles font des roses. Saturée lentement de sucs vénéneux, elle est devenue elle-même un poison vivant qui neutralise tous les toxiques. Sa beauté, comme celle des plantes de son jardin, a quelque chose d'inquiétant, de fatal et de morbide ; ses cheveux d'un noir bleu tranchent sinistrement sur sa peau d'une pâleur mate et verdâtre où éclate sa bouche qu'on croirait empourprée à quelque baie sanglante. Un sourire fou découvre ses dents enchâssées dans des gencives d'un rouge sombre, et ses yeux fascinent comme ceux des serpents. On dirait une de ces Javanaises, vampires d'amour, succubes diurnes, dont la passion tarit en quinze jours le sang, la moelle et l'âme d'un Européen. Elle est vierge cependant, la fille du docteur, et languit dans la solitude; l'amour essaye en vain de s'acclimater à cette atmosphère hors de laquelle elle ne saurait vivre. »

La muse de Baudelaire s'est longtemps promenée dans ce jardin avec impunité; mais un soir, faible et languissante, elle est morte en respirant un bouquet de ces fleurs fatales.

On peut mettre après Baudelaire, par une sorte de rapprochement qu'autorise leur mort prématurée et lamentable, Henri Murger, le romancier de la Bohême, qui est aussi un des types caractéristiques de ce temps. Murger a le droit de figurer dans cette étude. A travers les difficultés d'une vie d'aventure et de travail, il était poète à ses heures et il a laissé comme testament un volume de vers, la dernière publication dont il ait corrigé les épreuves. Sans doute, comme tous ceux qui ont commencé par écrire en prose Murger manquait de cette science profonde du rhythme qu'on n'acquiert que par une longue habitude. Il n'avait pas sur le clavier poétique le doigté libre et bien rompu; mais l'esprit, le goût et le sentiment y suppléaient. Il savait mettre dans ses vers, comme dans sa prose, cet accent ému et railleur, ce sourire qui retient une larme, cette mélancolie qui veut s'égayer et cherche en vain à rejeter le souvenir, cet esprit toujours trompé, mais jamais dupe, qui sait mieux que Shakespeare que « le nom de la fragilité est femme. » Il se distingue par une certaine grâce féminine et nerveuse qui est bien à lui, et dont il faut lui tenir compte. Cette note prédomine sur les imitations d'Alfred de Musset, trop sensibles dans le livre. Dans ce volume il y a un chef-d'œuvre, une larme devenue une perle de poésie, nous voulons dire : « la Chanson de Musette; » tout Murger est là. Ces six ou cinq couplets résument son âme et sa vie, sa poétique et son talent.

Thomas Hook, l'humouriste et le caricaturiste anglais, dessinait un jour le plan de son tombeau par une fantaisie jovialement funèbre, et pour toute épitaphe il y mettait ces mots : « Il fit la chanson de la chemise. »—On pourrait écrire sur cette tombe de

Murger, où la Jeunesse jette ses dernières fleurs : « Il fit la chanson de Musette. »

Nous venons de parler de chansons. Dans la nouvelle école elles sont rares; l'art de Boufflers, de Desaugiers et de Béranger est un peu dédaigné comme frivole et badin. La guitare est abandonnée pour la lyre, et Pierre Dupont lui-même visait à l'ode populaire, à la Marseillaise poétique. C'est pourtant, comme on dit, un genre bien français que la chanson, aussi français que l'opéra-comique et le vaudeville. Gustave Nadaud a fait une chanson moderne qui reste dans les limites du genre et pourtant contient les qualités nouvelles d'images, de rhythme et de style indispensables aujourd'hui. Il fait lui-même la musique de ses vers, et il les chante avec beaucoup de goût et d'expression. La chanson est une muse bonne fille qui permet la plaisanterie et laisse un peu chiffonner son fichu, pourvu que la main soit légère; elle trempe volontiers ses lèvres roses dans le verre du poëte où pétille l'écume d'argent du vin de Champagne. A un mot risqué elle répond par un franc éclat de rire qui montre ses dents blanches et ses gencives vermeilles. Mais sa gaieté n'a rien de malsain, et nos aïeux la faisaient patriarcalement asseoir sur leur genou. Maintenant qu'on est plus corrompu, la pudeur est naturellement plus chatouilleuse, et Gustave Nadaud a eu besoin de beaucoup d'art et de discrétion pour conserver, malgré ces scrupules, la liberté d'allure de la chanson, à laquelle il faut une pointe de gaillardise, d'enivrement bachique vrai ou feint, et d'opposition railleuse. Gustave Nadaud a souvent mêlé à cette veine, qui vient d'Anacréon en passant par Horace et en continuant par Béranger, des morceaux d'une inspiration élevée et d'un sentiment exquis que le refrain seul empêche d'être des odes. Mais bientôt il reprend le ton léger, tendre, spirituel ou comique qui convient à son instrument, car après tout Nadaud, quoique poëte, est un véritable chansonnier!

Nous avons signalé les quatre ou cinq figures qui se présentent d'elles-mêmes à la mémoire et à la plume du critique dans le recensement de la poésie depuis 1848. Elles ont une originalité naturelle ou volontaire qui les distingue de la foule sans leur donner cependant de domination sur elle. Chacun de ces poëtes est admiré dans son école et par une certaine portion du public, mais aucun d'entre eux n'a encore conquis cette notoriété générale qui avec le temps devient la gloire. Cela n'a rien d'injurieux pour leur talent très-réel et qui à une autre époque eût attiré bien vite l'attention. Il est triste à dire qu'aujourd'hui on peut faire paraître deux ou trois volumes de vers pleins de mérite et rester parfaitement inconnu. Combien de jeunes gens sont dans ce cas, qui ont des idées, du sentiment, de la grâce, de la fraîcheur, du style et une remarquable science de versification. Ils doivent se demander avec une sorte d'étonnement pourquoi personne ne les lit, et en vérité il serait difficile de leur faire une réponse satisfaisante. L'esprit en proie à d'autres préoccupations et tourné vers les recherches scientifiques et historiques s'est détourné de la poésie. Les revues n'accueillent plus les vers, les journaux n'en rendent jamais compte lorsque le moindre vaudeville accapare les feuilletons les plus accrédités, et l'on ne saurait peindre l'effarement naïf d'un éditeur à qui un jeune homme propose d'imprimer un volume de vers. Deux ou trois poëtes semblent suffire à la France, et la mémoire publique est paresseuse à se charger des noms nouveaux. Pourtant, au-dessous des gloires consacrées, il est des poëtes qui ont du talent et même du génie, et dont les vers, s'ils pouvaient sortir de leur ombre, supporteraient la comparaison avec bien des morceaux célèbres perpétuellement cités. Chanter pour des sourds est une mélancolique occupation, mais les poëtes actuels s'y résignent; bien que parfaitement sûrs de n'être pas entendus, ils continuent à rimer pour eux et n'essayent même plus de faire arriver leurs vers au public. Ils s'exercent dans le silence, l'ombre et la solitude comme ces pianistes qui la nuit travaillent à se délier les doigts sur des claviers muets pour ne pas importuner leurs voisins. On ne saurait trop louer ce culte de l'art, ce désintéressement parfait et cette fidélité à la poésie que la cité nouvelle semble vouloir bannir de son sein comme le faisait la république de Platon, sans toutefois la renvoyer couronnée de fleurs. Les esprits qu'on est convenu d'appeler pratiques peuvent mépriser ces rêveurs qui suivent la Muse dans les bois, cherchent tout un jour la quatrième rime d'un sonnet, le vers final d'un terzine, et rentrent contents le soir de quelques lignes dix fois raturées sur la page de leur calepin. Ils n'auront pas connu leur pur enchantement : contempler la nature, aspirer à l'idéal, en sculpter la beauté dans cette forme dure et difficile à travailler du vers, qui est comme le marbre de la pensée, n'est-ce pas là un noble et digne emploi de ce temps qu'on regarde aujourd'hui comme de la monnaie?

Puisque nous venons de prononcer ces mots « jeunes poëtes, » ouvrons un livre qu'ils ont édité eux-mêmes sous ce titre : *le Parnasse contemporain,* et qui est comme une anthologie où chaque talent a mis sa fleur. Dans ce bouquet printanier, quelques roses d'*antan* ont été admises, puisque nous y figurons en compagnie d'Émile et d'Antoni Deschamps; mais ce n'est là qu'une marque de bon souvenir de jeunes débutants aux jeux du cirque pour de vieux athlètes, qui feraient peut-être bien de déposer leur ceste comme Entelle. Le ton du livre est tout à fait moderne et représente assez justement l'état actuel de la poésie. Leconte de Lisle, qui est comme le soleil central de ce système poétique et autour duquel gravitent des astres implanés assez nombreux, sans compter les comètes vagabondes un instant influencées et bientôt reprenant leur ellipse immense à travers le bleu sombre, se présente avec cinq ou six pièces qui caractérisent bien les notes diverses de son talent. *Le rêve du Jaguar* est un de ces tableaux de nature tropicale qu'il peint de si vigoureuses couleurs; *la Verandah,* sorte de sixtine dont certaines rimes reviennent comme des refrains, a le charme d'une incantation; *Ekhidna* respire un hellénisme archaïque et farouche; Ekhidna, cette fille monstrueuse et superbe de Kallirhoé et de Khrysaor, montre à l'entrée de sa grotte, pour attirer les hommes, sa tête à la beauté fascinante, ses bras plus blancs que ceux d'Héré, et sa gorge semblable à du marbre de Paros, tandis que dans l'ombre de la caverne traîne son ventre squammeux sur les ossements polis comme de l'ivoire des amants dévorés. *Le Cœur d'Hialmar*, morceau d'une sauvagerie scandinave, où le héros mourant sur le champ de bataille invite le corbeau à lui prendre dans la poitrine son cœur rouge et fumant pour le porter à la blanche fille d'Ymer, semble dicté par une Walkyrie! et *la Prière pour les morts*, hymne védique d'une profonde solennité religieuse, serait approuvée des richis et des mounis de l'Inde, assis sur leurs peaux de panthère entre quatre réchauds.

Quelques pages plus loin se trouvent des sonnets de Louis Ménard, non moins amoureux du génie grec que Leconte de Lisle. Ménard, à la fois savant, peintre et poëte, est un des esprits modernes qui ont le mieux compris l'hellénisme et pénétré le sens de cette civilisation douce et charmante où l'homme s'épanouissait dans toute sa beauté, parmi des dieux presque pareils à lui. Entre ces sonnets, il en est un précisément intitulé *Nirvana*: l'auteur y exprime ses aspirations à l'éternel repos et au néant divin comme tous ceux qui ne sont pas nés de leur temps, que lassent les combats d'une vie sans intérêt pour eux et que poursuit le souvenir nostalgique d'une patrie idéale perdue. Louis Ménard était évidemment fait pour les entretiens du cap Sunium et des jardins d'Académus. C'est un Grec né deux mille ans trop tard, et quand nous le vîmes pour la première fois, il nous fit songer à ce dernier prêtre d'Apollon que Julien rencontra dans un petit dème de l'Attique, allant, faute de mieux, sacrifier une oie sur l'autel demi-écroulé de son dieu tombé en désuétude.

L'Exil des dieux de Banville peuple une vieille forêt druidique des dieux chassés de l'Olympe, et montre sous son aspect sérieux un thème poétique que Henri Heine, avec son scepticisme attendri et sa sensibilité moqueuse, avait traité plus légèrement. Jupiter, qui est redevenu Zeus, selon la terminologie de Leconte de Lisle,

n'est plus marchand de peaux de lapin dans une petite île de la
mer du Nord, et ne s'entretient pas avec les matelots venus de Syra
en vieux grec homérique, comme le prétend le railleur allemand.
Il conduit tristement sous les chênes, qui ne rendent plus d'oracles,
comme ceux de Dodone, la troupe dépossédée des Olympiens exha-
lant leurs douleurs en vers superbes, les plus beaux que Théodore
de Banville ait jamais écrits.

Après avoir imité, en l'outrant dans sa manière, l'Alfred de
Musset de *Mardoche*, des *Marrons du feu*, de *la Ballade à la lune*,
non pas en écolier, mais en maître déjà habile, M. Catulle Mendès
s'est lassé bien vite de ces allures tapageuses et de cette gaminerie
poétique. Il s'est calmé et a mis comme on dit de l'eau dans son
vin; mais cette eau est de l'eau du Gange. Quelques gouttes du
fleuve sacré ont suffi pour éteindre dans la coupe du poëte le pétillement gazeux du vin de Champagne. Pandit élevé à l'école du
brahmine Leconte de Lisle, il explique maintenant les mystères du
lotus, fait dialoguer Yami et Yama, célèbre l'enfant Krichna et
chante Kamadéva en vers d'une rare perfection de forme, malgré la
difficulté d'enchâsser dans le rhythme ces vastes noms indiens qui
ressemblent aux joyaux énormes dont sont ornés les caparaçons
d'éléphants. *Les Mystères du lotus* ne brillent pas par la clarté,
mais souvent l'obscurité des choses jette de l'ombre sur les mots,
et l'on ne saurait que louer la manière savante dont se déroulent
les tercets de cette pièce dans leur mouvement régulier, comme les
vagues de la mer d'Amrita, où flotte Purucha sur un lit dont le
dais est formé par les mille têtes du serpent Çécha, rêveur et regardant sortir de son nombril le lotus mystique. Cette étrange mythologie indienne avec ses dieux aux bras multiples, ses avatars,
ses légendes cosmogoniques et ses mystères inextricables touffus
comme des jungles, nous semble, malgré tout le talent qu'on y dépense, d'une acclimatation difficile dans notre poésie un peu étroite
pour ces immenses déploiements de formes et de couleurs.

Dans le même recueil sont groupés MM. François Coppée, l'au-

teur du *Reliquaire*, charmant volume qui promet et qui tient; Paul
Verlaine, Léon Dierx, Auguste Villiers de l'Isle-Adam, José Maria
de Heredia, que son nom espagnol n'empêche par de tourner de
très-beaux sonnets en notre langue; Stéphane Mallarmé, dont
l'extravagance un peu voulue est traversée par de brillants éclairs;
Albert Merat, qui a là un sonnet, *les Violettes*, d'un parfum doux
comme son titre; Louis-Xavier de Ricard, Henry Winter, Robert
Luzarche, toute une bande de jeunes poëtes de la dernière heure,
qui rêvent, cherchent, essayent, travaillent de toute leur âme et
de toute leur force, et ont au moins ce mérite de ne pas déses-
pérer d'un art que semble abandonner le public. Il serait bien difficile de caractériser, à moins de nombreuses citations, la manière
et le type de chacun de ces jeunes écrivains, dont l'originalité n'est
pas encore bien dégagée des premières incertitudes. Quelques-uns
imitent la sérénité impassible de Leconte de Lisle, d'autres l'ampleur harmonique de Banville, ceux-ci l'âpre concentration de
Baudelaire, ceux-là la grandeur farouche de la dernière manière
d'Hugo, chacun, bien entendu, avec son accent propre, qui se mêle
à la note empruntée. Alfred de Musset, qui donnait son allure à
bien des talents, il y a quelques années, ne semble plus influencer
beaucoup la génération présente. Les jeunes poëtes le trouvent
trop incorrect, trop lâché, trop pauvre de rimes, et pourquoi ne
pas le dire, trop sensible, trop ému, trop humain en un mot. Le
calme est à la mode aujourd'hui. Quelques nouvelles *Fleurs du mal*,
de Baudelaire, s'épanouissent bizarrement au milieu de ce bouquet
comme des roses noires, et se distinguent au premier flair à leur
parfum vertigineux. *Le Jet d'eau, la Malabaraise, Bien loin d'ici, les
Yeux de Berthe*, montrent que le poëte de l'horreur, qui a « doté
le ciel de l'art d'on ne sait quel rayon macabre et créé un frisson
nouveau, » est aussi, quand il veut, le poëte de la grâce, non
pas, il est vrai, de la grâce molle et vague, mais de la grâce
étrange, mystérieuse et fascinatrice qui peut séduire des esprits
raffinés.

Cette époque, où la poésie tient en apparence si peu de place, est, au contraire, tellement encombrée de poëtes, ou tout au moins de versificateurs habiles, qu'il faudrait, pour les citer tous, les dénombrements plus longs que ceux d'Homère, de Rabelais ou de Cervantès, quand don Quichotte désigne à Sancho Panza les illustres paladins qu'il croit apercevoir, à travers la poussière, dans l'armée des moutons.

Un des plus nouveaux venus de cette jeune troupe est Sully-Prudhomme, et déjà il se détache du milieu de ses compagnons par une physionomie aisément reconnaissable, sans contorsion et sans grimace d'originalité. Dans son premier volume, qui date de 1865 et qui porte le titre de *Stances et Poëmes*, les moindres pièces ont ce mérite d'être composées, d'avoir un commencement, un milieu et une fin, de tendre à un but, d'exprimer une idée précise. Un sonnet demande un plan comme un poëme épique, et ce qu'il y a de plus difficile à composer, en poésie comme en peinture, c'est une figure seule. Beaucoup d'auteurs oublient cette loi de l'art, et leurs œuvres s'en ressentent ; ni la perfection du style ni l'opulence des rimes ne rachètent cette faute. Dès les premières pages du livre on rencontre une pièce charmante, d'une fraîcheur d'idée et d'une délicatesse d'exécution qu'on ne saurait trop louer, et qui est comme la note caractéristique du poëte : *Le Vase brisé*. Un beau vase de cristal, où trempe un bouquet de verveine, a reçu un léger coup d'éventail, choc imperceptible que rien n'a révélé, et pourtant la fêlure, plus fine que le plus fin cheveu, s'étend et se prolonge. L'eau s'en va par cette fissure inaperçue, les fleurs altérées se dessèchent, penchent la tête et meurent. Quant au vase, il reste intact aux yeux de tous ; mais n'y touchez pas ! il se briserait. Sa blessure invisible pleure toujours. C'est bien là en effet la poésie de M. Sully-Prudhomme : un vase de cristal bien taillé et transparent où baigne une fleur et d'où l'eau s'échappe comme une larme. Les stances, qui commencent ainsi : « L'habitude est une étrangère, » renferment une idée ingénieuse et se terminent par un mâle conseil contre cette ménagère à l'apparence humble, dont on ne s'occupe pas et qui finit par être la maîtresse du logis, chassant la jeune liberté. Nous ne pouvons signaler tout ce que ce volume contient de remarquable. Il faudrait prendre chaque pièce une à une, et comme l'inspiration de Sully-Prudhomme est très-diverse, on ne saurait guère en donner une idée générale. Les rayons, les souffles, les sonorités, les couleurs, les formes modifient à tout instant l'état d'âme du poëte. Son esprit hésite entre divers systèmes : tantôt il est croyant, tantôt il est sceptique; aujourd'hui plein de rêves, demain désenchanté, il maudit ou bénit l'amour, exalte l'art ou la nature, et, dans un vague panthéisme, se mêle à l'âme universelle des choses. Il a la mélancolie sans énervement, et sous ses incertitudes on sent une volonté persistante qui s'affirmera bientôt. Un second volume, celui-là composé entièrement de sonnets, tient toutes les promesses du premier. Le poëte y enferme une pensée plus haute et plus profonde dans une forme que désormais il domine en maître; il ne pourra plus se plaindre, comme à la fin des *Stances et Poëmes*, de l'impuissance de son art, et se comparer au musicien dont la lyre trompe les doigts, ou au statuaire à qui l'argile refuse le contour demandé. Quoique Sully-Prudhomme restreigne habituellement ses sujets en des cadres assez étroits, son pinceau est assez large pour entreprendre de grandes fresques. *Les Étables d'Augias*, qu'on peut lire dans *le Parnasse contemporain*, sont faites avec la certitude de trait, la simplicité de ton et l'ampleur de style d'une peinture murale. Ce poëme pourrait s'appliquer parmi les autres travaux d'Hercule sur la cella ou le pronaos d'un temple grec. — S'il persiste encore quelques années et n'abandonne pas pour la prose ou toute autre occupation plus fructueuse un art que délaisse l'attention publique, Sully-Prudhomme nous semble destiné à prendre le premier rang parmi ces poëtes de la dernière heure, et son salaire lui sera compté comme s'il s'était mis à l'œuvre dès l'aurore.

Moins récemment venu que Sully-Prudhomme, Louis Ratisbonne

tient une place importante dans la littérature poétique, il est capable de labeur et d'inspiration.

En ce siècle hâtif qu'effrayent les longues besognes à moins que ce ne soient d'interminables romans bâclés au jour le jour, il faut un singulier courage et une patience d'enthousiasme extraordinaire pour traduire en vers, avec une fidélité scrupuleuse qui n'exclue pas l'élégance, tout l'enfer de la *Divine Comédie*, depuis le premier cercle jusqu'au dernier. Ce courage et cette patience, Ratisbonne les a eus, et tout jeune il s'est joint à ce groupe de Virgile et de Dante pour descendre derrière eux les funèbres spirales. Ce rude travail est le plus excellent exercice que puisse faire un versificateur pour se développer les muscles et devenir un redoutable athlète aux jeux olympiques de la poésie. Le seul danger à craindre, c'est de garder à jamais la hautaine et farouche attitude du maître souverain qu'on a copié, et de rester comme Michel-Ange, après avoir peint le plafond de la Sixtine, les yeux et les bras levés vers le ciel. Mais c'est un danger qu'on aime à courir. Louis Ratisbonne y a pourtant échappé. Ses poésies originales ne sont pas noircies par les fumées de l'enfer dantesque; elles ont au contraire une grâce, une fraîcheur et parfois même une coquetterie qui ne rappellent en rien le traducteur du vieux gibelin au profil morose. Ce sont de charmants vers d'amour dont la simplicité aime de temps à autre à se parer de concetti shakspeariens, et, comme la Marguerite de Goëthe, à essayer devant son petit miroir les bijoux laissés sur sa table par Méphistophélès. Mais la muse de M. de Ratisbonne ne se laisse pas tenter, et elle remet bien vite les joyaux séducteurs dans le coffret pour rester la vierge irréprochable qu'elle est, et tracer avec une plume qui semble arrachée à l'aile d'un ange le chaste et naïf répertoire de *la Comédie enfantine*, un de ces recueils que les mères lisent par-dessus l'épaule des enfants et que les pères emportent dans leur chambre, charmés par les délicatesses d'un art qui se cache. Louis Ratisbonne a été choisi comme exécuteur testamentaire par Alfred de Vigny, ce cygne de la poésie, dont il a publié les derniers chants. C'est le plus bel éloge qu'on puisse faire de son caractère et de son talent.

A. Lacaussade a publié, en 1852, son volume de *Poëmes et Paysages*, qui fut couronné par l'Académie. La nature des tropiques souvent décrite, rarement chantée, revit dans ces paysages, presque tous empruntés à l'île Bourbon, l'île natale du poëte, l'une des plus belles des mers de l'Inde. Ce que l'auteur de *Paul et Virginie* a fait avec la langue de la prose, Lacaussade a pensé qu'il pouvait le tenter avec la langue des vers. Il se circonscrit et se renferme volontiers dans son île comme Brizeux dans sa Bretagne. Il s'en est fait le chantre tout filial. Il en dit avec amour les horizons, le ciel, les savanes, les aspects tantôt riants, tantôt sévères; il lui emprunte le cadre et le fond de ses tableaux. Les pièces qui nous semblent résumer le mieux sa première veine d'inspiration sont celles qu'il intitule : *Souvenir d'Enfance, le Champ borne, le Cap Bernard* et surtout *le Bengali*.

A quelques années d'intervalle, le poëte, loin de son île enchanteresse, assombri par la nostalgie de l'azur et l'expérience amère de la vie, a fait paraître un autre volume que désigne un titre découragé : *Épaves*, comme si un naufrage inconnu avait jeté à la côte, parmi des débris de navire, ces vers qui méritent si bien d'aborder au port à pleines voiles et par une brise heureuse. Que sa nef dans la traversée ait été battue des vents, que peut-être, pour l'alléger, le nautonier ait été forcé de jeter à la mer bien des choses précieuses, nous le comprenons; mais nous n'admettons pas que le vaisseau lui-même ait sombré. La tristesse du poëte est mâle; elle résiste à la douleur en l'acceptant avec un calme stoïque et ne se laisse pas aller, même dans les jours les plus mauvais, à ces énervements de mélancolie qui détendent l'âme et lui ôtent son ressort. La courageuse idée du devoir domine les désespérances passagères et la contemplation de la nature calme les douleurs morales du poëte. Le talent de Lacaussade a une gravité douce, une résignation virile et une sorte de charme sévère qu'on sent mieux qu'on

ne peut le définir; ce qu'il chante, l'auteur l'a non-seulement
pensé, il l'a éprouvé, il l'a vécu, et ses désenchantements ne sont
pas des comédies de douleur. Il y a dans tout livre de vers une
pièce qui en est comme la caractéristique, et Sainte-Beuve a finement désigné celle où vibre la note particulière de Lacaussade. Elle
porte un titre bizarre et charmant : *les Roses de l'oubli*, une fleur
hybride que ne mentionnent pas les nomenclatures botaniques,
mais qui tient bien sa place dans le jardin de la poésie.

Le volume de Maxime Ducamp, les *Chants modernes*, a ses premières pages remplies par une préface très-remarquable, dans laquelle l'auteur cherche avec une sagacité courageuse, au lieu de se
lamenter sur l'indifférence du public en matière de poésie, les
raisons de cette indifférence. Il en trouve plusieurs : le manque de
grandes croyances, d'enthousiasme pour les idées généreuses, de
passion et de sens humain. A ces motifs, il en ajoute d'autres :
l'ignorance réelle ou volontaire de la vie actuelle, des sublimes inventions de la science et de l'industrie, le retour opiniâtre au passé,
aux vieux symboles et aux mythologies surannées, la doctrine de
l'art pour l'art, le soin puéril de la forme en dehors de l'idée et tout
ce qu'on peut reprocher à de pauvres poëtes qui n'en peuvent mais.

Il essaye ensuite de réaliser ses théories, et il y dépense beaucoup de talent, d'énergie et de volonté. Si l'inspiration ne veut pas
venir, effrayée par quelque sujet par trop moderne et réfractaire,
il la force et lui arrache au moins des vers sobres, corrects et bien
frappés: il chante les féeries de la matière, le télégraphe électrique,
la locomotive, ce dragon d'acier et de feu. En lisant cette pièce,
assurément fort bien faite, nous pensions à une esquisse de Turner
que nous avons vue à Londres et qui représentait un convoi de
chemin de fer s'avançant à toute vapeur sur un viaduc, par un
orage épouvantable. C'était un vrai cataclysme. Éclairs palpitants,
des ailes comme de grands oiseaux de feu, babels de nuages s'écrou-
lant sous les coups de foudre, tourbillons de pluie vaporisée par le
vent : on eût dit le décor de la fin du monde. A travers tout cela

se tordait, comme la bête de l'Apocalypse, la locomotive, ouvrant ses yeux de verre rouge dans les ténèbres et traînant après elle, en queue immense, ses vertèbres de wagons. C'était sans doute une pochade d'une furie enragée, brouillant le ciel et la terre d'un coup de brosse, une véritable extravagance, mais faite par un fou de génie. On pourrait peut-être poétiser et rendre pittoresque, à moins de frais, cette locomotive que nos littérateurs n'admirent pas suffisamment; mais un peu de ce désordre et de cet effet fantastique à la Turner ne messiérait pas dans le chant que le poëte consacre au cheval métallique qui doit remplacer Pégase.

Heureusement, parmi les *Chants modernes* se sont glissées un certain nombre de pièces charmantes, variations délicieuses sur ces trois thèmes anciens : la beauté, la nature et l'amour, qui jusqu'à présent ont suffi aux poëtes peu curieux de nouveautés. Jamais Maxime Ducamp ne réussit mieux que lorsqu'il n'exécute pas le programme qu'il s'est tracé; il n'en faut d'autre exemple que *les Sonnets d'amour*, *les Femmes turques*, *la Vie au désert*, et surtout *la Maison démolie*, où le souvenir mélancolique s'asseoit sur les ruines dans la pose de l'ange d'Albert Durer, et rappelle en stances harmonieuses les joies, les peines, les deuils et les paisibles heures d'étude qu'ont abrités ces murs attaqués par le pic du maçon. C'est, toute proportion gardée, *la Tristesse d'Olympio* du volume.

Malgré les théories de Maxime Ducamp, la poésie s'occupe assez peu de l'époque où elle vit, et tourne encore la tête vers le passé au lieu de regarder vers l'avenir. *La Flûte de Pan* d'André Lefèvre en est la preuve. L'inspiration qui l'anime est tout antique, et un souffle du grand Pan traverse les roseaux de sa flûte inégale. Une petite préface de deux pages, d'où nous extrayons ces quelques lignes, contient l'esthétique de l'auteur, et le caractérisera mieux que nous ne saurions le faire : « Rêveries sereines et plaintes passionnées, idylles antiques et poëmes amoureux, tous les tableaux ici rassemblés, quelle que soit la variété des sujets et des styles, sont liés par une chaîne continue, la croyance à la vie des choses.

Les inspirations nous sont venues du dehors. S'il est resté dans notre œuvre quelque chose de nous, si les objets que nous avons touchés gardent une apparence presque humaine, c'est que l'esprit s'unit à ce qu'il embrasse et pénètre ce qu'il anime; vainement il voudrait n'être qu'un écho, il demeure un interprète. Tantôt nous décrivons des paysages solitaires, des bois, des monts, des océans livrés à eux-mêmes; tantôt nous enchâssons dans un cadre étroit des idées à moitié transformées en images; parfois encore, des femmes jeunes et belles paraissent à la lisière d'un bois; on les voit s'ébattre au son de pipeaux invisibles. Mais sous toutes les couleurs, sous tous les visages, c'est la nature qui vit telle que la font les heures et les saisons; la nature, l'enchanteresse qui préside à l'épanouissement des fleurs, à la naissance involontaire des instincts amoureux; la consolatrice qui berce et qui apaise les désirs inassouvis; l'antique Cybèle enfin, celle à qui les Grecs donnèrent tant de noms, tant de masques divinisés! »

André Lefèvre est, comme on le voit, franchement panthéiste, en poésie du moins. Les formes se dégagent perpétuellement du sein des choses pour y retomber bientôt et renaître encore. Dans le moule idéal, la matière en fusion coule et se fige jusqu'à ce que le contour ne puisse plus la retenir. L'âme universelle circule du minéral à la plante, de la plante à l'animal, de l'animal à l'homme. La vie prodigue lutte avec la mort avare, qui redemande les éléments qu'elle lui a prêtés, et la nature inconsciente se tait, n'ayant point de parole et ne pouvant que répéter comme un écho la voix de l'homme ou plutôt de l'humanité.

Le monde est comme le Titan Prométhée; le vautour funèbre lui ronge un foie qui renaît toujours. La vie et la mort ne sont que la recomposition et la décomposition des formes qui, sous le voile de la couleur, se métamorphosent sans cesse, et la matière éternelle de Spinosa a pour levain, dans la fermentation qui ne s'arrête jamais, le perpétuel *devenir* de Hégel. Ces idées sont développées par le poëte avec une rare puissance de style et une grandeur tranquille, vraiment digne de l'antiquité. L'image dans ses vers s'applique à l'idée philosophique et flotte autour d'elle comme une draperie laissant deviner le corps qu'elle cache et dont elle caresse les contours. L'abstraction se pare de couleurs chatoyantes; tout palpite, tout brille, tout se meut, et l'immense fourmillement de la nature en travail anime jusqu'aux moindres pièces du recueil. Même lorsqu'il traite des sujets tels que Danaé et Léda, le poëte, allant au delà du fait mythologique, découvre dans la fable des sens cosmogoniques. Danaé captive en sa prison d'airain, c'est la terre glacée par l'hiver et attendant que les rayons d'or pleuvent pour la féconder. Léda, c'est l'humanité s'unissant avec la nature, et de cet hymen résulte Hélène, c'est-à-dire la beauté parfaite. Ces interprétations sont peut-être subtiles, mais elles ne répugnent nullement au génie hellénique, et comme elles n'ôtent rien à la pureté des lignes, au charme des coloris, et que, pour être des mythes, Danaé et Léda n'en restent pas moins d'admirables figures qu'avouerait la statuaire grecque et qui ont l'étincelante blancheur du marbre de Paros, on ne peut reprocher au poëte sa trop grande ingéniosité. Dès à présent, André Lefèvre nous semble pouvoir être catalogué comme étoile de première grandeur parmi la pléiade poétique de l'époque actuelle.

Après *la Flûte de Pan*, André Lefèvre a publié *la Lyre intime*, un second volume où sa verve, plus libre, plus personnelle, moins confondue dans le grand tout, s'est réchauffée et colorée comme la statue de Pygmalion quand le marbre blanc y prit les teintes roses de la chair. *La Lyre intime* vaut *la Flûte de Pan*, si même elle ne lui est supérieure, et les cordes répondent aussi bien aux doigts du poëte que les roseaux joints avec de la cire résonnaient harmonieusement sous ses lèvres.

Il a fait paraître dernièrement une traduction en vers des *Bucoliques*, et dans le même volume il a placé comme contraste une traduction également en vers d'un poëme sanscrit de Kalidâsa, *le Nuage messager*.

Aucun exercice n'était mieux fait pour solliciter le pinceau descriptif d'André Lefèvre. Son habileté se joue à l'aise au milieu de ces comparaisons empruntées à des mœurs et à une nature très-nouvelles et même étranges pour des lecteurs européens. Mettre ainsi face à face dans un même volume Virgile et Kâlidâsa, l'antiquité latine et l'antiquité indoue, c'est nous mettre à même de faire de la littérature comparée et montrer utilement un admirable talent de versificateur. On ne saurait mieux employer ses loisirs de poëte.

Emmanuel des Essarts, quoiqu'il ait fait déjà deux ou trois recueils de vers, *les Élévations* et *les Parisiennes,* et qu'il en prépare un autre dont il a paru plusieurs fragments dans des revues littéraires sous le titre un peu singulier d'*Idylles de la Révolution*, n'en est pas moins tout jeune et des plus frais éclos. Il peut mettre au service de son talent poétique une science acquise par de sévères études, et nous ne sommes pas de ceux qui croient que la science nuit à l'inspiration; elle est, au contraire, une des ailes qui soulèvent le poëte et l'aident à planer au-dessus de la foule. Nourri de l'antiquité grecque et latine, des Essarts la mélange dans les proportions les plus heureuses avec la modernité la plus récente. Parfois, la robe à la mode dont sa muse est revêtue dans *les Parisiennes* prend des plis de tunique et appelle quelque chaste statue grecque. Le beau antique corrige à propos le joli et l'empêche de tourner au coquet. Une goutte de vieux nectar mythologique tombe parfois au fond du verre à vin de Champagne et en empêche le pétillement trop vif. Il faut encourager ces tentatives très-difficiles et qui exigent le goût le plus délicat, d'amener à la forme poétique les choses de la vie actuelle, nos mœurs, nos habitudes, nos fêtes, nos tristesses en habit noir, nos mélancolies en robe de bal, les beautés qui nous plaisent et que nous admirons sur l'escalier des Italiens ou de l'Opéra, à qui nous donnons des violettes de Parme, pour qui nous faisons des sonnets, et dont, enfin, nous sommes amoureux. On reproche toujours aux artistes de ne pas s'inspirer de leur temps et d'aller chercher dans le passé des sujets qu'ils trouveraient autour d'eux s'ils voulaient regarder. Mais la routine est si forte que le moindre détail familièrement moderne, qu'on accepte très-bien en prose, choque en poésie. Il faut outrer un peu le dandysme et la moquerie byronienne pour faire supporter les tableaux de la vie que nous voyons tous les jours, même ceux encadrés d'or et appendus sur de riches tentures. Ces élégances mondaines se plient difficilement aux sévérités du rhythme, et c'est un des mérites de des Essarts de les y avoir contraintes sans leur rien faire perdre de leur désinvolture et de leur grâce. Le jeune auteur est d'ailleurs passé maître en ces escrimes. Le vers ne lui résiste jamais; il en fait ce qu'il veut, et pour la richesse de la rime il est millionnaire. Dans les *Élévations*, l'auteur peut laisser ouvrir à son lyrisme des ailes qui se seraient brûlées aux bougies d'un salon; il vole à plein ciel, chassant devant lui l'essaim des strophes, et ne redescend que sur les cimes.

Si *les Parisiennes* d'Emmanuel des Essarts nous conduisent au bal, *le Chemin des bois* (tel est le titre du volume de Theuriet) nous ramène à la campagne, et l'on fait bien de le suivre sous les verts ombrages où il se promène comme Jacques le mélancolique dans la forêt de *Comme il vous plaira*, faisant des réflexions sur les arbres, les fleurs, les herbes, les oiseaux, les daims qui passent, et le charbonnier assis au seuil de sa hutte en branchages. C'est un talent fin, discret, un peu timide que celui de Theuriet; il a la fraîcheur, l'ombre et le silence des bois, et les figures qui animent ses paysages glissent sans faire de bruit comme sur des tapis de mousse, mais elles vous laissent leur souvenir et elles vous apparaissent sur un fond de verdure, dorées par un oblique rayon de soleil. Il y a chez Theuriet quelque chose qui rappelle la sincérité émue et la grâce attendrie d'Hégésippe Moreau dans *la Fermière*.

On pourrait mettre auprès de Theuriet, pour rester dans la nuance, Auguste Desplaces, un charmant poëte qui, effrayé du tumulte de Paris, s'est depuis longtemps réfugié dans la Creuse, et dont *l'Artiste* insérait de loin en loin quelque pièce exquise, fin régal pour les délicats, quelque élégie rêvée ou sentie et rimée lentement à travers les loisirs de la solitude. Nous ne savons pas si ces morceaux, que connaissent les vrais amateurs de poésie, sont réunis en volume et parvenus sous cette forme à un public plus large.....

Les pages s'accumulent, et combien peu notre tâche est avancée encore. Il faut se résoudre à citer seulement les vers d'André Lemoyne, d'un sentiment si tendre, d'une exécution si délicate et si artiste; les poésies de Gustave Levavasseur, d'une saveur toute normande et qui fourniraient bien des fleurs à une anthologie; celles de son ami Ernest Prarond, les romans en vers de Valery Vernier, les petits poëmes d'Eugène Grenier, souvent couronné par l'Académie; les poëmes de l'*Amour*, d'Armand Renaud; *les Vignes folles* et *les Flèches d'or*, de Glatigny, dont plus d'une, comme le dit un illustre critique, porte haut et loin; le poëme des *Heures*, d'Alfred Busquet; *les Deux Saisons*, de Philoxène Boyer, où l'éloquent orateur du quai Malaquais, qui est aussi un vrai poëte, résume ses joies, hélas! bien rares, ses douleurs et ses résignations; la *Mariska*, de Nicolas Martin, cet esprit à la fois si allemand et si français, qui éclaire son talent d'un rayon bleu de lune germanique; les poésies d'Auguste de Châtillon, peintre, sculpteur et poëte, dont les vers pourraient parfois être pris pour de vieilles ballades ou d'anciens chants populaires, tant le sentiment en est vrai et la forme naïve.

Dans une gamme différente, mentionnons les *Pages intimes*, d'Eugène Manuel, ouvrage couronné par l'Académie; les poésies de Stéphane du Halga, qui chante la nature bretonne avec le sentiment de Brizeux et l'allure d'Alfred de Musset; les idylles de Thalès Bernard; les tableaux rustiques de Max Buchon, une sorte de Courbet de la poésie, très-réaliste, mais aussi très-vrai, ce qui n'est pas la même chose; le Donaniel de Grandet, qui semble

avoir été à l'école de Mardoche, de Hassan et de Rafaël, gentilhomme français; les poésies gracieuses et spirituelles d'Alphonse
Daudet, de Bataille, d'Amédée Rolland et de tant d'autres... la
liste se prolongerait indéfiniment.

A mesure que nous avançons dans notre tâche, elle se complique
et devient de plus en plus impossible à remplir. L'étude de la matière nous révèle des œuvres ignorées, des noms inconnus ou du
moins restés dans la pénombre et qui mériteraient la lumière,
mais en telle quantité qu'il faudrait plusieurs volumes pour en
donner l'idée la plus succincte. Trois ou quatre rayons de notre
bibliothèque sont chargés de volumes de vers édités pendant ces
dernières années, et la collection est loin d'être complète.

Qu'on nous permette une comparaison. Supposez qu'après être
sorti de la ville pour rêver plus librement, on entre dans un petit
bois dont les premiers arbres apparaissaient au bout de la plaine.
Parmi les herbes rarement foulées un étroit sentier se présente; on
le suit en ses premiers détours. Sur ses lisières, au pied des chênes,
à demi cachées sous les feuilles sèches du dernier automne, quelques
violettes se font deviner à leur parfum. Parmi les branches que le
vent froisse et remue avec un sourd murmure, vous entendez le
gazouillement d'un oiseau invisible. Votre approche le fait envoler
et vous l'apercevez gagnant d'un rapide coup d'aile un autre abri.
Vous cueillez quelques violettes, vous notez le chant de l'oiseau et
vous poursuivez votre route; mais bientôt le bois se change en
forêt; des clairières s'y ouvrent comme des salons de verdure, des
sources babillent entre les pierres moussues et forment des miroirs
où viennent se regarder les cerfs. Les violettes s'enhardissent et
s'offrent à vos doigts. Votre petit bouquet devient une gerbe où s'a-
joutent le muguet avec ses grelots d'argent, la jolie bruyère rose et
toute la sauvage flore des bois. Des arbres, des buissons, des hal-
liers, des profondeurs de la forêt s'élèvent mille voix qui chantent
ensemble, chardonnerets, rouges-gorges, bouvreuils, pinsons, ber-
geronnettes, mésanges, merles, et, brochant sur le tout, quelques

geais et quelques pies jetant leur dissonance à travers l'harmonie générale. A force d'attention, vous parvenez à distinguer la partie que fait chaque oiseau dans le concert, vous appréciez sa qualité de voix, son trille et sa roulade; vous nommez chacune des fleurs de votre bouquet, déjà énorme. Mais il y a dans la forêt des milliers d'oiseaux que vous n'avez pas entendus, qui chantent à une autre heure, au fond d'un massif où ne conduit aucune route. Des violettes aussi fraîches, aussi pures, aussi parfumées que celles dont se compose votre bouquet, croissent solitairement sous des gazons où nul œil humain ne les découvre. Elles s'y fanent dans le silence et le mystère sans que personne les ait respirées. Cependant, le soir descend, et fatigué, vous vous dites : « Puisque je ne puis compter tous les oiseaux ni toutes les violettes, je donnerai le prix au rossignol et à la rose. » Bientôt le rossignol lance son étincelante fusée de notes qui s'épanouit dans le silence comme un feu d'artifice musical; mais, pendant qu'il reprend haleine, un autre rossignol élève la voix, et son chant n'est pas moins beau; un troisième, qui n'est pas sans talent, continue. Vous allez au rosier, mais la rose n'est pas seule, elle est entourée de compagnes aussi jolies qu'elle, sans compter les jeunes boutons qui n'ont pas encore délacé leur corset de velours vert.

La nuit est venue. A l'horizon passe avec son panache de fumée et son cri strident un convoi de chemin de fer. Les voyageurs retournent à la ville. Nul n'a eu l'idée de s'arrêter dans le bois où chantent les oiseaux, où fleurissent les violettes. Mais, à vrai dire, l'humanité a autre chose à faire que d'écouter des chansons et de respirer des parfums. Quel dommage pourtant que tant de charmantes choses soient perdues! La poésie est prodigue comme la nature.

Mais voici qu'au moment de finir nous apercevons dans notre travail une lacune. Nous n'avons pas parlé des femmes poëtes. Mmes Desbordes-Valmore, Amable Tastu, Delphine de Girardin, Anaïs Ségalas, appartiennent à une période antérieure; mais la lyre est encore sollicitée par des mains de femme. L'emploi de dixième muse est toujours tenu, bien que le nombre des prêtresses ait beaucoup diminué, car le roman accapare bien vite à son profit les vocations poétiques féminines.

Mme Ackermann, qui nous semble aujourd'hui mériter la couronne aux feuilles d'or de la muse, est la veuve d'un philologue distingué. Elle lit les poëtes grecs et sanscrits dans leur langue. Le volume qu'elle a publié sous le titre *Contes et poésies* renferme des traductions et des pièces originales. Mme Ackermann ne relève ni de l'école romantique, ni de l'école de Leconte de Lisle; elle remonte plus haut, et son vers familier, se prêtant avec souplesse à toutes les digressions du récit, a quelque chose de la bonhomie rêveuse de La Fontaine. C'est une note qu'on n'est plus habitué à entendre et qui vous cause une surprise pleine de charme. Mais si, par quelques formes de son style, Mme Ackermann se rapproche du xviie siècle, elle est bien du nôtre par le sentiment qui respire dans les pièces où elle parle en son propre nom. Elle appartient à cette école des grands désespérés, Châteaubriand, lord Byron, Shelley, Leopardi, à ces génies éternellement tristes et souffrant du mal de vivre, qui ont pris pour inspiratrice la mélancolie. Désillusions, amertumes, lassitudes, défaites mystérieuses, tout cela est voilé par un pâle et faible sourire, car cette douleur a sa fierté. Lara et le Giaour ne se lamentent pas bourgeoisement. Mais par les sujets qu'aime à traiter le poëte, le sommeil sans terme, la nuit éternelle, la mort libératrice, on voit que Mme Ackermann en est arrivée comme le poëte italien à goûter le charme de la mort. Elle redoute le souvenir comme une nouvelle souffrance. Un critique très-compétent, M. Lacaussade, s'exprimait ainsi à propos d'elle : «Elle a des pièces d'un grand souffle, par exemple, *les Malheureux*, où se trahit magnifiquement la lassitude des jours. On y sent la contemporaine par l'âme des grands élégiaques modernes.

«Le scepticisme douloureux, le doute philosophique, la protestation de la conscience en face de l'énigme de la vie, mélange inextricable de biens et de maux, la révolte de la raison s'écriant avec désespoir :

Celui qui pouvait tout a voulu la douleur,

toutes ces angoisses de l'âme s'expriment en beaux vers dans le *Prométhée* de Mme Ackermann. »

Mme Blanchecotte a un tout autre tempérament poétique. Elle a mérité une couronne académique pour son premier recueil *Rêves et réalités*. Élève de Lamartine, elle a gardé du maître la forme et le mouvement lyriques, mais avec un accent profond et personnel qui fait penser à Mme Valmore. Comme celle-ci, Mme Blanchecotte a souvent des éclats et des véhémences de passion d'une sincérité poignante. Elle a de vraies larmes dans la voix. Elle peut dire avec vérité : «Ma pauvre lyre, c'est mon âme. » Née dans une position obscure et difficile, elle en est sortie grâce à des efforts persévérants. Elle s'est faite elle-même ce qu'elle est. Ouvrière par nécessité, elle a su économiser assez de son temps pour se donner une instruction rare chez une femme; elle sait l'anglais, l'allemand et même le latin. Sa lecture est étendue et variée. En résumé, c'est une intelligence assez forte pour n'être pas dupe de son cœur. Elle a écrit en bonne prose des pages de moraliste qui prouvent que cette élégiaque sait observer aussi bien que sentir. Béranger l'appréciait beaucoup, Sainte-Beuve fait grand cas de son talent et de son caractère. Elle est l'amie de Lamartine, la visiteuse assidue de ses tristesses et de son foyer délaissé. Mme Blanchecotte, la chose est assez rare pour qu'on la remarque, a contribué comme correctrice à la publication des *Quatrains de Khèyam*, un poëte persan d'un mysticisme lyrique encore plus raffiné que celui de Hafiz et de Sadi.

Ce n'est pas tout; il n'y a pas en France que des poëtes français. La vieille Armorique a encore des bardes et la Provence des troubadours. Brizeux, l'auteur de *Marie*, est aussi l'auteur de *Leiz-Breiz*, un recueil de poésies en pur celtique. Tout récemment, un Breton, M. Luzel, qui chante dans l'idiome du barde Guiclan, a fait paraître des légendes locales dont nous ne pouvons apprécier la poésie que par la traduction juxtaposée. Le mérite du style et de la facture nous échappe nécessairement; il faudrait pour le goûter être un descendant des Kimris, un gars du Morbihan ou de la Cornouaille aux larges braies et aux longs cheveux.

La France du Midi a pour langue maternelle la langue d'oc, que parlait le roi René, et dans laquelle Richard Cœur-de-Lion et Frédérick de Hohenstauffen rimaient leurs sirventes. Cette langue, qui ne s'est pas fondue dans le français comme la langue d'oïl et demeure fidèle à son antique origine, a fourni un admirable instrument à un grand poëte en pleine activité de génie. Tout le monde a nommé Mistral, même ceux qui ne comprennent pas plus que de l'italien, de l'espagnol ou du portugais, l'idiome particulier qu'il emploie. Chacun a lu *Mireio*, ce poëme plein d'azur et de soleil, où les paysages et les mœurs du Midi sont peints de couleurs si chaudes et si lumineuses, où l'amour s'exprime avec la candeur passionnée d'une idylle de Théocrite, dans un dialecte qui, pour la douceur, l'harmonie, le nombre et la richesse, ne le cède en rien au grec et au latin. Le succès a été plus grand qu'on n'eût osé l'espérer pour un livre écrit en une langue inconnue de la plupart des lecteurs; mais Frédéric Mistral, qui sait aussi le français, avait accompagné son texte d'une version excellente, et presque tout le charme se conservait comme dans ces *Lieder* de Henri Heine traduits par lui-même. *Calendau* est une légende sur l'histoire de Provence, qui, pour la conduite du récit, l'intérêt des épisodes, l'éclat des peintures, le relief et la grandeur des personnages mis en action, l'allure héroïque du style, mérite à juste titre le nom d'épopée.

Comme Tomasso Grossi et Carlo Porta de Milan, l'auteur de cette *Vision de Prina*, proclamée par Stendhal le plus beau morceau de poésie moderne; comme Baffo et Buratti de Venise, qui a eu l'honneur de donner le *la* au Beppo et au Don Juan de lord Byron, Mistral a ce malheur d'être un grand poëte dans un idiome qui n'est entendu que par un public restreint. Ce malheur, il faut le dire, ne l'afflige pas beaucoup, car, selon lui, le français n'est compris que dans huit ou dix départements du centre. Dans une trentaine d'autres, on parle le basque, l'espagnol, le celte, l'allemand, le wallon, l'italien, sans compter les patois, tandis que le provençal ou la langue d'oc compte pour elle quinze millions d'hommes.

Auprès de Mistral, il est juste de placer Aubanel, auteur de *la Grenade entr'ouverte*, dont les vers ont la fraîcheur vermeille des rubis que laisse voir en se séparant la blonde écorce de ce fruit, éminemment méridional.

III

Nous nous sommes attaché, dans cette étude, aux figures nouvelles, et nous leur avons donné une place importante, car c'était celles-là qu'il s'agissait avant tout de faire connaître. Mais pendant cet espace de temps, les maîtres n'ont pas gardé le silence. Victor Hugo a fait paraître *les Contemplations, la Légende des siècles, les Chansons des rues et des bois*, trois recueils d'une haute signification, où se retrouvent avec des développements inattendus les anciennes qualités qu'on admirait dans *les Orientales* et *les Feuilles d'automne*. Des *Contemplations* date la troisième manière de Victor Hugo, car les grands poëtes sont comme les grands peintres : leur talent a des phases aisément reconnaissables. La pratique assidue de l'art, les enseignements multiples de la vie, les modifications du tempérament apportées par l'âge, l'élargissement des horizons vus de plus haut, tout contribue à donner aux œuvres, selon l'époque où elles se sont produites, une physionomie particulière. Ainsi, le Raphaël du *Sposalizio*, de *la Belle Jardinière*, de *la Vierge au voile*, n'est pas le Raphaël des chambres du Vatican et de *la Transfiguration;* le Rembrandt de *la Leçon d'anatomie du docteur Tulp* ne ressemble guère au Rembrandt de *la Ronde de nuit*, et le Dante de la *Vita nuova* fait à peine soupçonner le Dante de *la Divine Comédie*.

Chez Hugo, les années, qui courbent, affaiblissent et rident le génie des autres maîtres, semblent apporter des forces, des énergies et des beautés nouvelles. Il vieillit comme les lions : son front, coupé de plis augustes, secoue une crinière plus longue, plus épaisse et plus formidablement échevelée. Ses ongles d'airain ont poussé, ses yeux jaunes sont comme des soleils dans des cavernes, et, s'il rugit, les autres animaux se taisent. On peut aussi le comparer au chêne qui domine la forêt; son énorme tronc rugueux pousse en tous sens, avec des coudes bizarres, des branches grosses comme des arbres; ses racines profondes boivent la séve au cœur de la terre, sa tête touche presque au ciel. Dans son vaste feuillage, la nuit, brillent les étoiles, le matin, chantent les nids. Il brave le soleil et les frimas, le vent, la pluie et le tonnerre; les cicatrices même de la foudre ne font qu'ajouter à sa beauté quelque chose de farouche et de superbe.

Dans *les Contemplations*, la partie qui s'appelle *Autrefois* est lumineuse comme l'aurore; celle qui a pour titre *Aujourd'hui* est colorée comme le soir. Tandis que le bord de l'horizon s'illumine incendié d'or, de topaze et de pourpre, l'ombre froide et violette s'entasse dans les coins; il se mêle à l'œuvre une plus forte proportion de ténèbres, et, à travers cette obscurité, les rayons éblouissent comme des éclairs. Des noirs plus intenses font valoir les lumières ménagées, et chaque point brillant prend le flamboiement sinistre d'un microcosme cabalistique. L'âme triste du poëte cherche les mots sombres, mystérieux et profonds, et elle semble écouter dans l'attitude du *Pensiero* de Michel-Ange « ce que dit la bouche d'ombre. »

On a beaucoup plaint la France de manquer de poëme épique. En effet, la Grèce a *l'Iliade* et *l'Odyssée*; l'Italie antique, *l'Énéide*; l'Italie moderne, *la Divine Comédie*, le *Roland Furieux*, la *Jérusalem délivrée*; l'Espagne, le *Romancero* et l'*Araucana*; le Portugal, *les Lusiades*; l'Angleterre, *le Paradis perdu*. A tout cela, nous ne pouvions opposer que *la Henriade*, un assez maigre régal puisque les poëmes du cycle carlovingien sont écrits dans une langue que seuls les érudits entendent. Mais maintenant, si nous n'avons pas encore le poëme épique régulier en douze ou vingt-quatre chants, Victor Hugo nous en a donné la monnaie dans *la Légende des siècles*, monnaie frappée à l'effigie de toutes les époques et de toutes les civilisations, sur des médailles d'or du plus pur titre. Ces deux volumes contiennent, en effet, une douzaine de poëmes épiques, mais concentrés, rapides, et réunissant en un bref espace le dessin, la couleur et le caractère d'un siècle ou d'un pays.

Quand on lit *la Légende des siècles*, il semble qu'on parcoure un immense cloître, une espèce de *campo santo* de la poésie dont les murailles sont revêtues de fresques peintes par un prodigieux artiste qui possède tous les styles, et, selon le sujet, passe de la roideur presque byzantine d'Orcagna à l'audace titanique de Michel-Ange, sachant aussi bien faire les chevaliers dans leurs armures anguleuses que les géants nus tordant leurs muscles invincibles. Chaque tableau donne la sensation vivante, profonde et colorée d'une époque disparue. La légende, c'est l'histoire vue à travers l'imagination populaire avec ses mille détails naïfs et pittoresques, ses familiarités charmantes, ses portraits de fantaisie plus vrais que les portraits réels, ses grossissements de types, ses exagérations héroïques et sa poésie fabuleuse remplaçant la science, souvent conjecturale.

La Légende des siècles, dans l'idée de l'auteur, n'est que le carton partiel d'une fresque colossale que le poëte achèvera si le souffle inconnu ne vient pas éteindre sa lampe au plus fort de son travail, car personne ici-bas n'est sûr de finir ce qu'il commence. Le sujet est l'homme, ou plutôt l'humanité, traversant les divers milieux que lui font les barbaries ou les civilisations relatives, et marchant toujours de l'ombre vers la lumière. Cette idée n'est pas exprimée d'une façon philosophique et déclamatoire; mais elle ressort du fond même des choses. Bien que l'œuvre ne soit pas menée à bout, elle est cependant complète. Chaque siècle est représenté par un tableau important et qui le caractérise, et ce tableau est en lui-même d'une perfection absolue. Le poëme fragmentaire va d'abord d'Ève à Jésus-Christ, faisant revivre le monde biblique en scènes d'une haute sublimité et d'une couleur que nul peintre n'a égalée. Il suffit de citer *la Conscience*, *les Lions*, *le Sommeil de Booz*, pages d'une beauté, d'une largeur et d'un grandiose incomparables, écrites avec l'inspiration et le style des prophètes. *La Décadence de Rome* semble un chapitre de Tacite versifié par Juvénal. Tout à l'heure, le poëte s'était assimilé la Bible; maintenant, pour peindre Mahomet, il s'imprègne du Coran à ce point qu'on le prendrait pour un fils de l'Islam, pour Abou-Bekr ou pour Ali. Dans ce qu'il appelle le cycle héroïque chrétien, Victor Hugo a résumé, en trois ou quatre courts poëmes tels que *le Mariage de Roland*, *Aymerillot*, *Bivar*, *le Jour des Rois*, les vastes épopées du cycle carlovingien. Cela est grand comme Homère et naïf comme la Bibliothèque bleue. Dans *Aymerillot*, la figure légendaire de Charlemagne *à la barbe florie* se dessine avec sa bonhomie héroïque, au milieu de ses douze pairs de France, d'un trait net comme les effigies creusées dans les pierres tombales et d'une couleur éclatante comme celle des vitraux. Toute la familiarité hautaine et féodale du *Romancero* revit dans la pièce intitulée *Bivar*.

Aux héros demi-fabuleux de l'histoire succèdent les héros d'invention, comme aux épopées succèdent les romans de chevalerie. Les chevaliers errants commencent leur ronde cherchant les aventures et redressant les torts, justiciers masqués, spectres de fer mystérieux, également redoutables aux tyrans et aux magiciens. Leur lance perce tous les monstres imaginaires ou réels, les endriagues et les traîtres. Barons en Europe, ils sont rois en Asie de quelque ville étrange aux coupoles d'or, aux créneaux découpés en scie; ils reviennent toujours de quelque lointain voyage, et leurs armures sont rayées par les griffes des lions qu'ils ont étouffés entre leurs bras. Eviradnus, auquel l'auteur a consacré tout un poëme, est la plus admirable personnification de la chevalerie errante et donnerait raison à la folie de Don Quichotte, tant il est grand, courageux, bon et toujours prêt à défendre le faible contre le fort. Rien n'est plus dramatique que la manière dont il sauve Mahaud des embûches du grand Joss et du petit Zéno. Dans la peinture du manoir de Corbus à demi ruiné et attaqué par les rafales et les pluies d'hiver, le poëte atteint à des effets de symphonie dont on pouvait croire la parole incapable. Le vers murmure, s'enfle, gronde, rugit comme l'orchestre de Beethoven. On entend à travers les rimes siffler le vent, tinter la pluie, claquer la broussaille au front des tours, tomber la pierre au fond du fossé, et mugir sourdement la forêt ténébreuse qui embrasse le vieux château pour l'étouffer. A ces bruits de la tempête se mêlent les soupirs des esprits et des fantômes, les vagues lamentations des choses, l'effarement de la solitude et le bâillement d'ennui de l'abandon. C'est le plus beau morceau de musique qu'on ait exécuté sur la lyre.

La description de cette salle où, suivant la coutume de Lusace, la marquise Mahaud doit passer sa nuit d'investiture, n'est pas moins prodigieuse. Ces armures d'ancêtres chevauchant sur deux files, leurs destriers caparaçonnés de fer, la targe aux bras, la lance appuyée sur le faulcre, coiffées de morions extravagants, et se trahissant dans la pénombre de la galerie par quelque sinistre éclair d'or, d'acier ou d'airain, ont un aspect héraldique, spectral et formidable. L'œil visionnaire du poëte sait dégager le fantôme de l'objet, et mêler le chimérique au réel dans une proportion qui est la poésie même.

Zim-Zizimi et le sultan Mourad nous montrent l'Orient du moyen âge avec ses splendeurs fabuleuses, ses rayonnements d'or et ses phosphorescences d'escarboucles sur un fond de meurtre et d'incendie, au milieu de populations bizarres venues de lieux dont la géographie sait à peine les noms. L'entretien de Zim-Zizimi avec les dix sphinx de marbre blanc couronnés de roses est d'une sublime poésie; l'ennui royal interroge, et le néant de toutes choses répond avec une monotonie désespérante par quelque histoire funèbre.

Le début de *Ratbert* est peut-être le morceau le plus étonnant
et le plus splendide du livre. Victor Hugo seul, parmi tous les
poëtes, était capable de l'écrire. Ratbert a convoqué sur la place
d'Ancône, pour débattre quelque expédition, les plus illustres de
ses barons et de ses chevaliers, la fleur de cet arbre héraldique
et généalogique que le sol noir de l'Italie nourrit de sa séve em-
poisonnée. Chacun apparaît fièrement campé, dessiné d'un seul
trait du cimier au talon, avec son blason, son titre, ses alliances,
son détail caractéristique résumé en un hémistiche, en une épithète. Leurs noms, d'une étrangeté superbe, se posant carrément
dans le vers, font sonner leurs triomphantes syllabes comme des
fanfares de clairon, et passent dans ce magnifique défilé avec des
bruits d'armes et d'éperons.

Personne n'a la science des noms comme Victor Hugo. Il en
trouve toujours d'étranges, de sonores, de caractéristiques, qui
donnent une physionomie au personnage et se gravent ineffaçable-
ment dans la mémoire. Quel exemple frappant de cette faculté que
la chanson des *Aventuriers de la mer !* Les rimes se renvoient, comme
des raquettes un volant, les noms bizarres de ces forbans, écume
de la mer, échappés de chiourme venant de tous les pays, et il suffit
d'un nom pour dessiner de pied en cap un de ces coquins pittoresques
campés comme des esquisses de Salvator Rosa ou des eaux-fortes
de Callot.

Quel étonnant poëme que le morceau destiné à caractériser la
Renaissance et intitulé *le Satyre !* C'est une immense symphonie
panthéiste, où toutes les cordes de la lyre résonnent sous une main
souveraine. Peu à peu le pauvre sylvain bestial, qu'Hercule a
emporté dans le ciel par l'oreille et qu'on a forcé de chanter, se
transfigure à travers les rayonnements de l'inspiration et prend
des proportions si colossales, qu'il épouvante les Olympiens; car ce
satyre difforme, dieu à demi dégagé de la matière, n'est autre
que Pan, le grand tout, dont les aïeux ne sont que des personnifications partielles et qui les résorbera dans son vaste sein.

Et ce tableau qui semble peint avec la palette de Vélasquez, *la Rose de l'infante!* Quel profond sentiment de la vie de cour et de l'étiquette espagnoles! comme on la voit cette petite princesse avec sa gravité d'enfant, sachant déjà qu'elle sera reine, roide dans sa jupe d'argent passementée de jais, regardant le vent qui enlève feuille à feuille les pétales de sa rose et les disperse sur le miroir sombre d'une pièce d'eau, tandis que le front contre une vitre, à une fenêtre du palais, rêve le fantôme pâle de Philippe II, songeant à son Armada lointaine, peut-être en proie à la tempête et détruite par ce vent qui effeuille une rose.

Le volume se termine, comme une bible, par une sorte d'apocalypse. *Pleine mer, plein ciel, la trompette du jugement dernier*, sont en dehors du temps. L'avenir y est entrevu au fond d'une de ces perspectives flamboyantes que le génie des poëtes sait ouvrir dans l'inconnu, espèce de tunnel plein de ténèbres à son commencement et laissant apercevoir à son extrémité une scintillante étoile de lumière. La trompette du jugement dernier, attendant la consommation des choses et couvant dans son monstrueux cratère d'airain le cri formidable qui doit réveiller les morts de toutes les Josaphats, est une des plus prodigieuses inventions de l'esprit humain. On dirait que cela a été écrit à Patmos, avec un aigle pour pupitre et dans le vertige d'une hallucination prophétique. Jamais l'inexprimable et ce qui n'avait jamais été pensé n'ont été réduits aux formules du langage articulé, comme dit Homère, d'une façon plus hautaine et plus superbe. Il semble que le poëte, dans cette région où il n'y a plus ni contour ni couleur, ni ombre ni lumière, ni temps ni limite, ait entendu et noté le chuchotement mystérieux de l'infini.

Les Chansons des rues et des bois, comme le titre l'indique, marquent dans la carrière du poëte une espèce de temps de repos et comme les vacances du génie. Il conduit au pré vert de l'idylle, pour y brouter l'herbe fraîche et les fleurs, ce cheval farouche près duquel le Pégase classique n'est qu'un bidet de paisible allure, et que seuls peuvent monter les Alexandre de la poésie. Mais ce coursier formidable, à la crinière échevelée, aux naseaux pleins de flamme, dont les sabots font jaillir des étoiles pour étincelles et qui saute d'une cime à l'autre de l'idéal à travers les ouragans et les tonnerres, se résigne difficilement à cette halte, et l'on sent que, s'il n'était entravé il regagnerait en deux coups d'aile les sommets vertigineux et les abîmes insondables. Pendant que sa terrible monture est au vert, le poëte s'égaye en toutes sortes de fantaisies charmantes. Il remonte le cours du temps, il redevient jeune. Ce n'est plus le maître souverain que les générations admirent, mais un simple bachelier qui, ennuyé de sa chambrette encombrée de bouquins poudreux, court les rues et les bois, poursuivant les grisettes et les papillons. Il ne fait le difficile ni pour le site, ni pour la nymphe. Pour lui Meudon est Tivoli, et Javotte Amaryllis. Les lavandières remplacent très-bien Léda dans les roseaux, et les oies prennent des blancheurs de cygne. Le petit vin d'Argenteuil a des saveurs de nectar dans le verre à côtes du cabaret. L'imagination du poëte transforme tout et sait mettre sur le ventre d'une cruche vulgaire la paillette lumineuse de l'idéal.

Dans ce volume, Victor Hugo a renoncé à l'alexandrin et à ses pompes et n'emploie que les vers de sept ou de huit pieds séparés en petites stances; mais quel merveilleux doigté! Jamais le clavier poétique n'a été parcouru par une main plus légère et plus puissante. Les tours de force rhythmiques se succèdent accomplis avec une grâce et une aisance incomparables. Litz, Thalberg, Dreyschok ne sont rien à côté de cela. A la fin du volume, le poëte enfourche sa monture impatiente, lui donne de l'éperon et s'enfonce dans l'infini.

Du fond de la tombe, Alfred de Vigny nous tend de sa main d'ombre le volume des *Destinées*, sa plus belle œuvre peut-être, où se trouve un chef-d'œuvre de tristesse hautaine et de robuste mélancolie : le poëme de *Samson*. L'Hercule juif sait qu'il est trahi par Dalilah, et, volontairement, par dégoût des petites ruses de la courtisane, il se laisse prendre au piége grossier qu'il pourra rompre d'un mouvement. Mais à quoi bon? L'amour de l'homme ne provoque-t-il pas toujours la trahison chez la femme,

La femme, enfant malade et douze fois impur?

Autant en finir tout de suite. Jamais vers plus magnifiques n'ont exprimé la satiété de l'héroïsme et le blasement de la force.

Des réimpressions de l'œuvre poétique de Sainte-Beuve ont fait connaître de nouvelles pièces du savant critique, d'un charme exquis et d'une délicatesse rare. Dans les *Sylves*, Auguste Barbier, l'auteur des *Iambes*, semble un poëte plein de grâce et de fraîcheur qui débute ignorant de sa gloire, et chante l'amour et la nature comme s'il n'avait que vingt ans; Alfred de Musset ajoute à son œuvre quelques pièces inédites où palpite son cœur toujours ému sous une allure cavalière.

Un poëte qui dès sa jeunesse avait pris un rôle élevé, un rôle de précurseur, et qui a su introduire du naturel et de la fraîcheur dans une poésie qui jusque-là semblait trop craindre ces mêmes qualités, l'auteur du *Cid d'Andalousie* et du *Poëme de la Grèce*, M. Lebrun, en publiant en 1858 une édition complète de ses œuvres, nous a montré, par quelques pièces de vers charmantes, que dès l'époque du premier Empire il y avait bien des élans et des essors vers ces heureuses oasis de poésie qu'on a découvertes depuis et qu'il a été des premiers à pressentir, comme les naviga-teurs devinent les terres prochaines au souffle odorant des brises.

Quelle conclusion tirer de ce long travail sur la poésie? Nous sommes embarrassé de le dire. Parmi tous ces poëtes dont nous avons analysé les œuvres, lequel inscrira son nom dans la phrase glorieuse et consacrée : Lamartine, Victor Hugo, Alfred de Musset? Le temps seul peut répondre.

THÉOPHILE GAUTIER.

RAPPORT SUR LES PROGRÈS

DE

LA LITTÉRATURE FRANÇAISE.

(THÉÂTRE.)

RAPPORT SUR LES PROGRÈS

DE

LA LITTÉRATURE FRANÇAISE.

(THÉÂTRE.)

Lorsque M. J. Chénier esquissait son *Tableau de la littérature française depuis 1789*, l'étude du Théâtre offrait deux divisions naturelles correspondant aux deux genres consacrés par les chefs-d'œuvre des deux antiquités classiques et par ceux de notre xviiᵉ siècle. De ces deux divisions, M. J. Chénier fit deux chapitres d'égale mesure : le chapitre de la Tragédie, le chapitre de la Comédie, et si l'un des deux était moins brillant ou moins étendu que l'autre, c'était le chapitre de la Comédie.

La Tragédie gardait alors le pas sur la Comédie, non-seulement par le fait universel de son droit d'aînesse, mais surtout par le prodigieux éclat qu'avait jeté et que jetait encore le théâtre de Voltaire.

Née au milieu des acclamations qu'avaient soulevées *Œdipe* et *Mahomet*, *Catilina* et *La Mort de César*, la Révolution Française était restée fidèle à son origine littéraire, et, reniant les souvenirs de l'ancienne France monarchique, s'était refait un passé plus digne d'elle avec les héros de la tragédie.

Ajoutez le souffle de deux grands artistes réveillant la vie dans ces ombres épiques : Talma initié par David et initiateur à son tour; David le Romain communiquant son enthousiasme à toute son époque et acceptant la mission de dessiner les costumes officiels dans le caractère de l'antique; la société du Directoire enchantée de ces modèles nouveaux et les adoptant sous toutes les formes de l'élégance reconquise, — tout s'était donc trouvé préparé à souhait pour une troisième époque de la tragédie française, et, en effet, une pléiade de poëtes heureusement inspirés de l'esprit du temps n'avait pas manqué à cette brillante renaissance : Arnault, Legouvé (sans parler de Ducis, qui procédait d'une autre inspiration), Luce de Lancival, Lemercier, qui eut par moments l'inquiétude et le tressaillement du génie, M. J. Chénier enfin, qui ne s'était pas nommé lui-même dans son livre, mais dont le nom y primait tous les autres et tenait d'autant plus de place qu'on l'y cherchait sans le trouver.

Dans l'espace de dix ans, cette jeune et laborieuse pléiade, comptant ses œuvres par ses succès, faisait représenter avec éclat *Marius à Minturnes*, *Caïus Gracchus*, *Lucrèce*, *Mucius Scévola*, *Épicharis et Néron*, *Timoléon*, *Quintus Cincinnatus*, *Quintus Fabius*, *Agamemnon*, *Œdipe à Colone*, *Thésée* (le *Thésée* de Mazoïer, qui promettait un poëte), et le mouvement donné par elle, glorieusement prolongé par Talma, devait encore produire à distance le *Sylla* de M. de Jouy en 1821, la *Clytemnestre* de Soumet en 1822, le *Léonidas* de Pichat en 1825. Mouvement heureux, qui donne sa date à une des époques mémorables de notre Théâtre et qui replaçait un moment la tragédie française, née du poëme antique, vis-à-vis des seuls sujets qu'elle pût traiter d'après les règles d'Aristote, ceux de l'histoire ou de la légende antique. Les véritables conditions du genre étaient là; mais, dès le lendemain d'*Agamemnon*, Lemercier lui-même, nature impatiente et toujours prompte à changer de voie, se rejetait avec *Ophis* dans la tragédie qu'on voulait bien appeler d'imagination, disons mieux : la fausse tragédie.

La fausse tragédie n'était pas à inventer; elle existait, et, comme il arrive toujours, l'exemple dangereux (les exemples obscurs ne comptent pas) avait été donné de haut. Racine, en écrivant *Bajazet*, avait introduit dans le cadre du drame antique un épisode de l'histoire moderne et presque contemporaine.

Ce fut là l'écueil de la tragédie; la force des choses l'entraînait à aborder l'histoire moderne. A la suite de Racine, Voltaire historien, curieux des mœurs et du costume, s'était naturellement porté dans cette voie; de Belloy l'avait fait à son tour, soulevant les acclamations du patriotisme monarchique, Laharpe avec moins de bonheur, Chénier dans un esprit tout à fait révolutionnaire. La République, on vient de le voir, avait un moment arrêté le théâtre sur la pente; mais la République elle-même était déjà vaincue dans les esprits :

Qui nous délivrera des Grecs et des Romains!

disait Berchoux, et ce cri de la réaction littéraire était tout aussi bien celui de la réaction politique. On demandait à la fois d'autres inspirations pour le théâtre et d'autres destinées pour la France. Les futures destinées arrivaient à la hâte. Le Directoire disparaissait, et avec lui la dernière renaissance de la tragédie antique. Les Grecs et les Romains faisaient place à *Isule et Orovèse*, à *Don Pédro*, aux *Templiers*, à *La Mort d'Henri IV*. Mais, dans ce besoin de nouveauté qui s'agitait sans s'éclairer lui-même, l'habitude de l'imitation restait toute-puissante sur les esprits. Plus le poëme tragique se rapprochait de l'histoire moderne, plus il s'appliquait à en déguiser le caractère, plus il obligeait tout ce qui n'avait pas été nommé dans le théâtre antique à se dissimuler derrière la périphrase et l'énigme. De républicaine, la tragédie était redevenue monarchique, mais sans devenir plus nouvelle. Talma seul se renouvelait, et c'était assez. A la veille de sa mort, il jouait *La Démence de Charles VI*. «Du pain, je n'en ai pas, » avait-il à dire. Il le dit avec un accent si ingénu, un désespoir si simple et si profond qu'il fit pâlir la salle entière; il en pâlit lui-même. Quelque chose lui était apparu. C'était de ce côté-là qu'allait se tourner son esprit;

et il s'irritait d'être vaincu par la souffrance quand il avait encore à entrer plus pleinement en possession de la vérité. La mort l'arrêta rêvant une nouvelle évolution de son talent et une prochaine transformation de la tragédie.

De ce côté, la transformation était prête. Avec ou sans lui, elle allait s'accomplir : avec lui, sous l'autorité de son génie et de son nom, plus pacifiquement, plus sûrement, définitivement peut-être ; sans lui, plus au hasard, au milieu des incertitudes et des témérités de toutes sortes, parmi ces démêlés qui brouillent les hommes, dénaturent les questions et en ajournent la solution légitime.

Ce n'était pas en vain que la guerre et l'exil avaient mêlé les nations. Les frontières s'étaient abaissées. Les peuples avaient passé les fleuves et les montagnes. Les capitales étaient allées l'une au-devant de l'autre. Pendant quinze ans, la France victorieuse avait suivi sur tous les chemins la trace de ses poëtes et de ses philosophes, précurseurs de ses conquêtes. L'émigration, suivant la retraite de nos armées, rapportait, en retour, des livres dont nous ne savions guère que les noms et des langues que nous avions toujours dédaignées. Mal réconciliée avec cette littérature classique et païenne d'où étaient sorties les idées révolutionnaires, la Restauration continuait à la suspecter et demandait par la plume éloquente de Chateaubriand une littérature conservatrice, qui eût ses racines dans la religion nationale et qui fût catholique afin d'être française.

Pour châtier l'orgueil de l'école libérale, la critique nouvelle lui apprenait à entendre dire que la supériorité de nos lettres était un mensonge ; que, dans l'ordre de l'épopée, l'Italie avait *La Divine Comédie*, l'Angleterre *Le Paradis perdu*, et que nous avions *La Henriade* ; que notre théâtre était à la mesure de notre épopée ; que la cage de nos unités avait brisé l'aile du grand Corneille ; que les véritables aigles du drame, Calderon, Lope de Vega, Shakspeare, Gœthe et Schiller, avaient pris leur magnifique envergure dans le ciel de l'art libre ; que le persiflage avait tué chez nous l'intelligence des grandes choses et que les autres nations, nous laissant volontiers la gloriole de l'esprit, avaient la gloire du génie.

Le génie, ce fut le grand mot, l'étude impatiente, la pressante curiosité du siècle adolescent. Où était le génie? Qui le connaissait? Qui pouvait le faire connaître? Les traducteurs de se mettre à l'œuvre. Un éditeur célèbre publiait par livraisons les chefs-d'œuvre des théâtres étrangers : M. Guizot traduisait Shakspeare, M. de Barante traduisait Schiller, Amédée Pichot Lord Byron, Defauconpret Walter Scott, Loëve-Veimars Hoffmann. La France, infidèle à ses gloires, se livrait sans réserve aux dieux étrangers. Qu'elle dût un jour revenir sur le charme qui l'avait séduite, je n'hésite pas à le reconnaître; mais ce qui est certain, c'est que la génération des esprits se trouva superbement renouvelée par ce croisement des races intellectuelles.

Deux mots entrèrent alors dans notre langue, et tout le monde les comprenait, quoiqu'ils ne portassent pas bien nettement leur sens avec eux : le mot « classique » et le mot « romantique. »

Appliqués à la littérature, au théâtre surtout, — car c'était là que se portait le vif du débat, — le premier représentait l'art français, non pas, malheureusement, dans ses véritables chefs-d'œuvre (je le répète, l'immense rayonnement de Voltaire avait en quelque sorte éclipsé la tragédie antérieure), mais dans la lettre morte de ses traditions mal suivies et de ses règles devenues stériles; le second représentait cet art nouveau qui voulait rendre à l'homme ses passions, ses faiblesses, les inégalités de ses doubles instincts, tout ce que les mauvaises contrefaçons des maîtres lui avaient successivement retranché pour en faire un personnage tragique, tirait le héros de ses portiques vides pour le replacer dans la vérité du lieu, dans la vérité de l'histoire, dans toutes les vérités qui nous entourent, associait enfin aux émotions du drame les grands aspects du paysage, les contrastes saisissants, les harmonies mystérieuses par lesquelles, mère ou marâtre, la nature universelle répond à nos détresses.

Entre l'école classique et l'école romantique, si la conciliation eût été possible, dans l'ardeur croissante de l'enthousiasme et de la résistance, elle avait été essayée avec succès par un aimable et gracieux esprit, qui, empruntant à Schiller un de ses drames et à Walter Scott une de ses plus charmantes figures, en avait fait sa tragédie de *Marie Stuart*.

Encouragé par le bonheur de sa première tentative, M. Lebrun revint à la collection des théâtres étrangers chercher dans les chefs-d'œuvre de Lope de Vega la fable du *Cid d'Andalousie*; mais ce second essai d'imitation ne fut pas accueilli du public avec la même faveur que le premier. L'œuvre du poëte était mieux réussie sans doute, sa versification plus douce et plus délicatement ornée : toutefois le sujet n'avait pas la même force d'intérêt et de popularité acquise. Avec *Marie Stuart*, la question des deux écoles avait disparu dans l'émotion publique et dans le succès; avec *Le Cid d'Andalousie*, elle reparaissait tout entière, et il est peut-être curieux de rappeler aujourd'hui en quels termes était posé le débat littéraire.

Lorsqu'en 1820 l'auteur lut sa *Marie Stuart* à la Comédie française, la reine d'Écosse, léguant un souvenir à chacun de ses serviteurs, disait à Anna Kennedy, sa nourrice, c'est M. Lebrun qui le raconte lui-même :

> Prends ce don, ce *mouchoir*, ce gage de tendresse,
> Que pour toi de ses mains a *brodé* ta maîtresse.

A ce moment, le comité de lecture eut peur. Il se fit un mouvement dans l'assemblée, comme si chacun avait eu les sifflets à son oreille. L'alarme gagna l'auteur, qui se laissa persuader de supprimer les mots inquiétants et qui les remplaça par ceux-ci :

> Prends ce don, ce *tissu*, ce gage de tendresse,
> Qu'a pour toi de ses mains *embelli* ta maîtresse.

« On trouva ce *tissu* infiniment préférable, dit-il dans la préface du *Cid d'Andalousie* : cela était plus digne, et personne ne vit plus rien dans ces vers que de fort satisfaisant. »

Personne? — Même en 1820, le mot n'était peut-être pas absolument juste. Sans compter que, entre *Marie Stuart* et *Le Cid d'Andalousie*, il n'y a pas moins de cinq ans de distance, et lorsque M. Lebrun ajoute que le public de 1825 n'était guère différent de celui de 1820, n'a-t-il pas oublié ce groupe de jeunes gens qui se connaissent déjà par leurs noms, se cherchent, se rencontrent au parterre, spectateurs aujourd'hui, impatients d'être écoutés à leur tour et à qui le théâtre appartiendra demain?

Ils étaient là, se donnant rendez-vous pour applaudir le *Louis XI* de Mely-Janin, ces poëtes parmi lesquels avait déjà débuté « un enfant sublime, » ces artistes prêts à tout recommencer, à tout renouveler dans tous les arts. Ils s'appelaient *la jeune France*, et une voix secrète leur disait qu'ils ne mentiraient pas à leur nom. Ardents à l'aventure, ils avaient cependant ce qu'il faut pour ne pas s'égarer sans retour; car ils s'engageaient dans le passé aussi avant que dans l'avenir, rattachant la fantaisie à la tradition, reprenant la langue à ses origines, remontant à Froissart pour redescendre par une pente naturelle de Froissart à Villon, de Villon à Rabelais, de Rabelais à Montaigne, de Montaigne à Régnier, à Malherbe, à Pascal, à Corneille, à Molière.

C'étaient eux que ne satisfaisait plus le tissu de *Marie Stuart*. Si, pour l'école classique, M. Lebrun, dans ses imitations, accordait trop au goût des auteurs originaux, pour le camp des jeunes enthousiastes, ces concessions n'étaient pas assez larges. Plus d'imitations! On savait ce que les imitations de Ducis avaient fait de Shakspeare. Des traductions sans pusillanimité! Et déjà Alfred de Vigny, traduisant *Othello* avec une impitoyable exactitude, préparait cette soirée du *More de Venise*, « la soirée du 24 octobre 1829, » comme il l'appelle avec un si naïf orgueil, où le mot *mouchoir* fut prononcé et conquit enfin son droit de cité sur la scène française.

Car, il faut bien le dire, ce fut là le grand événement de la représentation, et ce fut là aussi le thème piquant sur lequel s'exerça dans la préface de la pièce imprimée le victorieux persiflage du poëte.

«Enfin,» écrivait M. Alfred de Vigny, huit jours après la bataille gagnée, «enfin en 1829, grâce à Shakspeare, la tragédie française a dit le grand mot, à l'épouvante et à l'évanouissement des faibles qui jetaient ce jour-là des cris longs et douloureux, mais à la satisfaction du public qui, en grande majorité, a coutume de nommer un mouchoir : *mouchoir*. Le mot a fait son entrée; ridicule triomphe ! Nous faudra-t-il toujours un siècle par mot vrai introduit sur la scène ?»

Il ne fallut pas un siècle par mot; mais il fallut près de quatorze ans, toute la carrière dramatique de Victor Hugo, comprise entre *Hernani* et *Les Burgraves*, pour ramener la tragédie française, renaissant avec la *Lucrèce* de Ponsard, à cette vérité, à cette virilité de la langue où le grand Corneille l'avait élevée dès son début, et d'où elle était descendue pas à pas depuis les successeurs de Racine.

Mais il était bon de rappeler les quelques lignes que j'ai citées plus haut; car l'histoire de «la Soirée du 24 octobre 1829» est à peu près celle de toute la période dont je parle : *Cris longs et douloureux des faibles*, c'est-à-dire murmures et soulèvement de ceux qui avaient aimé un autre théâtre, lutte entre les applaudissements et les protestations, victoires blessées comme celle de Pyrrhus, plus brillantes en réalité que fructueuses et toujours chèrement achetées.

Non pas que la fortune des armes dût avoir un de ses retours familiers et passer tout d'un coup des vainqueurs aux vaincus. Non, la tragédie de décalque et d'imitation au quatrième degré était irrémédiablement atteinte.

Entre la nouvelle génération littéraire et celle qui essayait sans espoir de lui disputer le terrain, la lutte était celle d'Horace contre le dernier des Curiaces. D'un côté, — je ne fais que citer des titres et des dates :

D'un côté :	De l'autre :
1829. Henri III.	Pertinax.
Marino Faliero.	Élisabeth d'Angleterre.
Le More de Venise.	Le czar Démétrius.
1830. Hernani.	Clovis.
	Gustave-Adolphe.
Stockholm, Fontainebleau et Rome.	Junius Brutus.
	Françoise de Rimini.
1831. Antony.	
Marion Delorme.	
La maréchale d'Ancre.	
1832. Louis XI.	
Le Roi s'amuse	
1833. Les Enfants d'Édouard.	Guido Reni.
Lucrèce Borgia.	Caïus Gracchus.
Marie Tudor.	
1835. Chatterton.	
Angelo.	
Don Juan d'Autriche.	
1836. Une Famille au temps de Luther.	Léonie.
1837. Caligula.	
1838. Ruy-Blas.	Maria Padilla.
	Philippe III.
1840. La Fille du Cid.	
1841.	Arbogaste.
1843. Les Burgraves.	

Mais, il est juste de le dire : et qui le dira, si ce n'est un de ceux qui, jeunes en ce temps-là, stagiaires de tous les arts, milice dévouée aux maîtres nouveaux, se portaient avec enthousiasme partout où se débattait la question littéraire et ne pardonnaient pas alors à Casimir Delavigne de prendre, moins neutre que jaloux, une position douteuse entre les deux camps ? Nous entraînions le public, mais nous sentions qu'il avait besoin d'être entraîné. Il assistait en curieux à ces succès que nous faisions de tous nos cœurs et de toute notre fougue de collégiens émancipés par 1830; mais il s'accoutumait à laisser se décider sans lui la fortune des œuvres dramatiques. La question, déplacée, n'était plus précisément entre la pièce et le public proprement dit, mais entre deux écoles, entre deux phalanges qui venaient se défier et se mesurer dans le parterre. Du parti de la jeunesse, il en était sans doute. Tout devait l'attirer vers le drame, la nouveauté d'abord (sans compter la faiblesse de ce qui persistait à continuer la tragédie), l'éclat inusité du spectacle, l'originalité des costumes et des décors, les divers aspects par lesquels le théâtre popularisait en la réalisant une révolution générale de l'histoire, du roman, de la peinture, de l'architecture et de la poésie, que dirai-je encore? des acteurs passionnés que le genre avait formés pour lui-même et à son image, des combinaisons hardiment inventées, des péripéties inconnues, des coups de foudre et des coups de génie. Et cependant, à neuf ans de *Henri III*, ce brillant manifeste, cette chevaleresque entrée en campagne du romantisme, à huit ans d'*Hernani*, cette aurore étincelante, cet autre *Cid* de la France nouvelle, au moment où la phalange de 1829 prenait possession de la scène conquise, il se trouvait encore que les vainqueurs étaient comme des étrangers dans leur conquête.

La vivacité de la lutte avait intéressé le public, et il gardait peu de pitié pour les vaincus; mais, passée dans les faits accomplis, la victoire l'inquiétait et ne le laissait pas sans défiance. Il sentait mieux ce qu'il avait perdu que ce qu'il avait gagné. En définitive, la tradition française était ou semblait rompue, et cette tradition remontait à nos plus pures gloires. Elle s'était altérée, on ne le niait pas; mais, quelle qu'elle fût devenue, elle comprenait les deux siècles de notre grand théâtre. Tout se mêlait sous son nom. La décadence s'y confondait avec les beaux temps. Les œuvres mortes s'y cachaient dans l'éclat des illustres souvenirs. Le superbe nom de Talma planait encore au-dessus de la question et consacrait ce qui touchait à sa mémoire. Qu'allait devenir cette noblesse, cette héroïque dignité dont il avait laissé dans les esprits la souveraine image? « Ce répertoire sacré, » comme il l'appelait lui-même, et qu'il avait élevé à la hauteur d'une religion, allait-il être effacé des croyances publiques? allait-il disparaître avec les dieux qui s'en vont?

D'un autre côté, l'école romantique n'avait-elle pas à désarmer au lendemain de la victoire? Devait-elle conserver ses théories agressives et moins faites pour la conciliation que pour le combat? Elle en doutait elle-même. Entre *Caligula*, où le drame ne soutint pas le succès que la comédie avait remporté au prologue, et *Ruy-Blas*, où le poëte, à côté des rugissements du lion, avait laissé une si large part au fou rire, elle entrait dans un de ces moments d'examen et de réflexion où se modifient par le fait même de leur triomphe les opinions hardies. Par où allait-elle en sortir? La question était là, quand elle fut brusquement écartée par un début qui allait devenir un événement; et cet événement remplit dix-neuf années.

Le 12 juin 1838, parut sur la scène du Théâtre-Français une jeune fille qui s'appelait Rachel Félix et qui débutait dans la tragédie par le rôle de Camille.

Nature singulière, marquée au front d'un signe saisissant, elle avait un moment traversé le Gymnase, qui avait alors, par occasion, un rôle à sa mesure et qui fit d'elle une enfant de la lande bretonne, une petite héroïne du Bocage vendéen.

Le rôle joué, la pièce effacée de l'affiche, l'enfant et le théâtre ne pouvaient plus rien l'un pour l'autre. Ils le sentaient. La vocation de l'enfant la rappelait à la tragédie, qui avait été son premier alphabet et son premier orgueil. Lorsque la direction du Théâtre-Français, qui se souvenait d'elle pour l'avoir remarquée à l'école de Saint-Aulaire, fut prête à l'engager comme pensionnaire, en l'acceptant des mains de M. Samson, le Gymnase la rendit paternellement à ses destinées.

C'est ainsi qu'elle se présentait, sur la scène de la rue Richelieu, à ce petit nombre d'habitués qui formaient alors le public de la tragédie et devant lesquels passaient chaque année, vers la même époque, une demi-douzaine de débutants destinés à ne pas laisser de traces.

Elle était jeune. Elle était grêle. A peu près laide jusque-là, elle touchait à ce moment de transformation où elle allait devenir presque belle, plus que belle; mais le charme ne lui était pas encore venu, et elle gardait sur son visage une ombre de son enfance disgraciée. Sa maigreur ne répondait pas à l'idée que Mlle Raucourt, Mlle Georges et Mme Paradol avaient laissée de la personne tragique; seulement elle en avait l'autorité dans son regard et la puissance dans sa voix. Elle marchait, et le mouvement cadencé de ses épaules, suivant celui de tout son corps, marquait le rhythme harmonieux de sa démarche. Elle parlait; sa voix un peu brusque, un peu voilée, avait la chaleur d'un feu couvert. Avant la fin du Songe de Camille, la chaleur avait passé dans la salle. Ceux qui résistaient le plus à l'enthousiasme trop bruyant d'une cabale amie, ne pouvaient se défendre à leur gré de partager l'émotion générale. Qu'on l'avouât ou non, tout le monde avait reconnu la flamme sacrée. Talma était remplacé par Mlle Rachel. Le Théâtre-Français avait trouvé une tragédienne.

La situation se compliquait. Que faire d'une tragédienne, si la tragédie était morte? Et si la tragédie n'était pas morte, que devenait le drame romantique? Dans ce premier moment de surprise, le feuilleton se taisait comme s'il eût voulu retenir la nouvelle; mais la nouvelle se répandait en échappant au feuilleton. L'enthousiasme du public a plus de voix pour se propager que la presse ne lui fournit d'échos; et quel enthousiasme que ce transport des premières représentations de Mlle Rachel, dans lequel se réunissaient, avec la juste admiration de la foule, l'orgueil des tribus israélites, le réveil du faubourg Saint-Germain sortant de son long deuil pour applaudir le théâtre de l'ancienne monarchie, l'Abbaye-au-Bois appliquée à convertir la jeune juive, et la rancune passionnée des vaincus et la joie ardente des représailles!

Le triomphe de Mlle Rachel était la revanche de la tragédie sur le drame; mais, pour que cette revanche fût complète au gré de ceux dont elle était l'espoir, il eût fallu que la jeune Hermione, comme on l'appelait alors, ne se voua̧t pas sans réserve aux maîtres du xviie siècle. Tous les tiroirs, tous les portefeuilles confidents de quelque tragédie inédite s'ouvraient au-devant d'elle et lui offraient des rôles dont il ne tenait qu'à elle de partager la gloire. Séduction perdue. Mlle Rachel y résista d'instinct et laissa ceux qui la dirigeaient la défendre obstinément contre tous les rôles qui frappaient à sa porte, même contre celui de *La Fille du Cid* que lui apportait Casimir Delavigne avec l'autorité de son talent et de sa populaire renommée.

Mlle Rachel entendait mieux sa situation. Du premier coup, la faveur du public l'avait portée sur un piédestal; elle se promit de n'en pas descendre. Son attitude lui était imposée par le glorieux surnom qu'elle avait reçu, celui de Melpomène. Elle était plus qu'une tragédienne, elle était la Déesse de la tragédie. Ainsi adorée, sous les bandelettes d'Émilie ou sous le diadème d'Hermione, dans ces belles draperies dont les plis intelligents s'animaient autour d'elle avec une grâce souveraine, le soin de ses premières années fut de rester semblable à elle-même. La fortune de son début fut le culte auquel elle se dévoua. Ne pas la hasarder, c'était pour elle un calcul d'intérêt; c'était aussi le secret conseil d'un talent qui ne se trompait pas sur lui-même.

Douée d'une sûreté d'exécution incomparable et portée jusqu'au génie, ce qui lui manquait, c'était le goût et l'instinct de la composition. Avant d'entrer dans un rôle, défiante, incertaine, elle avait besoin, pour s'en faire une idée exacte, de la leçon d'un maître ou de la tradition persistante et connue.

Prendre une pièce oubliée, lire un rôle inédit, les étudier, les pénétrer de son intelligence, les animer de soi-même et de sa vie, c'est la grande ambition, c'est la joie de l'artiste créateur. Cette joie et cette ambition, Mlle Rachel ne les a pas connues ou ne les a pas recherchées. Quand, sans désir, et déterminée par des considérations diverses, elle consentait à essayer des rôles nouveaux: Catherine II, Judith, Diane, Cléopâtre, Valéria, lady Tartuffe,

Rosemonde, c'était toujours en se réservant de prendre sa revanche dans l'ancien répertoire, et, généralement, à la veille d'un congé, afin de disparaître et de laisser un échec s'oublier en son absence.

Elle désira le rôle de Virginie; mais elle venait de voir le *Virginius* de Knowles, joué, au théâtre Ventadour, par la troupe de Macready. Miss Faucit, de si touchant souvenir, lui avait montré l'attitude et la physionomie du personnage. Elle savait ce qu'elle en pouvait faire, et elle en fit une des plus gracieuses figures sous lesquelles elle ait ému le public transporté. Elle se défendit pendant deux ans de jouer Adrienne Lecouvreur, qui fut un de ses grands succès et qui ne lui donna que la peine de se ressembler; car l'héroïne d'Eugène Scribe et de M. Legouvé, c'était elle-même.

Plutôt que de courir les hasards d'une création, si elle avait besoin d'ajouter un attrait à son répertoire ou au programme de ses congés, elle reprenait *Mademoiselle de Belle-Isle* et *Louise de Lignerolles*, pièces faites pour Mⁿᵉ Mars et en dehors des conditions nécessaires de sa force et de sa puissance, mais qui n'avaient plus à compter avec les chances d'une première représentation et dont le succès éprouvé l'assurait qu'elle pouvait leur confier sa fortune.

Par une évolution singulière et que n'avaient pas prévue ceux qui, fiers de son avénement comme de leur propre victoire, la remerciaient hautement d'avoir sauvé la tragédie, — de reprise en reprise, la Melpomène de 1838 finit, en 1853, par jouer le rôle de la Tisbé dans *Angelo, tyran de Padoue*, et par regretter de n'avoir pas plus tôt jeté les yeux sur le théâtre de Victor Hugo; parce qu'il y avait là pour elle une veine de rôles tout créés et de succès à reprendre.

Cinq ans plus tard, mourait celle qui avait été seule, pendant près de vingt ans, la vie, l'éclat, le grand art, la haute gloire de la Comédie-Française.

Ce qui restait de ces vingt ans, le voici:

Le souvenir d'une des plus imposantes et des plus souveraines figures qui aient jamais paru sur la scène française, — l'écho d'une diction si sévère et si pure que le vers s'y éprouvait comme l'or à la pierre de touche et que, après la langue de Corneille et de Racine, aucune autre langue tragique ne put résister à l'épreuve, — la vie rendue et retirée de nouveau à des chefs-d'œuvre où la vie rentrera toujours, l'occasion donnée, parce qu'ils ne sauraient périr; en réalité, pour le présent et pour l'avenir, rien que des ruines : la tragédie de décadence plus condamnée que jamais, le drame libre de refleurir, si toutefois "arbre desséché pouvait fleurir encore, si les esprits découragés ne s'étaient pas dispersés dans toutes les voies, si l'école interrompue n'avait pas cessé d'être une école, et si la suite d'une génération littéraire pouvait se renouer après une lacune de vingt ans.

Pendant la période de Mlle Rachel débute un poëte dont le talent correspondait exactement à celui de l'illustre tragédienne : esprit sobre et puissant, qui avait passé par-dessus toute la tragédie du XVIIIe siècle pour se refaire romain, à la façon de Corneille, avec un sentiment nouveau de l'art antique. Ce n'est pas Mlle Rachel qui tend la main au début de Francis Ponsard; c'est Bocage vieillissant, c'est Mme Dorval, épuisée par tant de larmes, ces deux vétérans du romantisme, qui ont eu l'honneur de jouer *Lucrèce* et *Agnès de Méranie*.

Et voilà pourquoi la tragédie, qui fournissait à Marie-Joseph Chénier la plus belle part de son étude sur le théâtre en 1809, ne nous fournit plus aujourd'hui que la moindre part de la nôtre.

A partir de 1848, il y a encore des essais de tragédie mitigée, des drames en vers où se marient les deux genres, des traductions du théâtre grec, du théâtre anglais et du théâtre espagnol, attestant l'éclectisme qui est à coup sûr la conquête du mouvement de 1830 et signées de noms antérieurs à 1848; mais, pour trouver parmi les hommes nouveaux quelque chose de ce tempérament qui produit la grande œuvre du théâtre, il faut le rencontrer vers la fin de 1856 chez Louis Bouilhet, l'auteur de *Madame de Montarcy*, un dernier disciple des maîtres de 1830, qui s'est formé seul sur les degrés de l'école silencieuse, et dont le premier poëme dramatique vient s'épanouir aux lumières de l'Odéon comme une fleur de pourpre, née de quelque fibre vivace, poussée au loin par les pénétrantes racines de *Ruy-Blas*.

Avant lui, Joseph Autran, qui n'a donné qu'une pièce et que son brillant début encourageait cependant à poursuivre, s'était inspiré de l'art grec, — de l'idylle plutôt que de la tragédie, — pour écrire *La Fille d'Eschyle*, et donner à l'amour du jeune Sophocle la plainte mélodieuse que nous a enseignée l'auteur de *La Jeune captive*.

Émile Deschamps, le gracieux traducteur de *Roméo et Juliette*, rentre en lice avec la traduction de *Macbeth*, et le sombre rêve de Shakspeare obtient un grand succès sur cette même scène de l'Odéon, d'où est partie l'heureuse réaction inaugurée par *Lucrèce* et *La Ciguë*, — tandis qu'un lettré délicat, trompé par ces variations de l'esprit public, Charles Lafont, essaye au Théâtre-Français une tragédie de la dernière heure, un *Daniel*, qui a le tort de ne pas être de son temps et de vouloir remonter aux formules du xviiie siècle en s'écartant de la nouvelle école classique.

Au moment où nous sommes arrivés, qu'on la nomme drame ou tragédie, la grande œuvre du théâtre ne manque pas aussi complétement qu'on pourrait le croire ; c'est toujours Mlle Rachel qui manque aux auteurs vivants et à leurs espérances déçues. Elle manque à *La Chute de Séjan*, qui n'était pas indigne d'être jouée par elle. Elle manque au *Testament de César*, large conception, étude considérable d'un poëte historien qui fut presque de force à réussir sans son concours. Elle manque à *Charlotte Corday*, qui aurait été un de ses triomphes et à laquelle elle se déroba par suite de cette défiance instinctive qui la prenait toujours vis-à-vis de l'inconnu et de l'aventure à tenter.

Charlotte Corday, jouée en 1850, avec un succès de courte durée, n'en est pas moins une œuvre supérieure. C'est par elle que Ponsard atteste le mieux sa puissance. Ce chef d'école sans le vouloir, surpris le premier par son triomphe, et qui était apparu comme le vengeur des unités violées, ne s'était cependant pas promis de leur être toujours fidèle. Il ne s'était promis de l'être qu'à la dignité de l'art, à la sincérité du style, à la vérité historique et à la vérité humaine.

Comme l'école romantique était venue revendiquer les libertés de la passion, et que l'auteur de *Lucrèce* réclamait contre ces libertés les droits supérieurs de la raison, du devoir et de la conscience publique, on appelait le groupe militant de ses amis l'école du bon sens. C'était peut-être l'école française que l'on voulait dire, et c'est par là que *Lucrèce* eut l'air de faire une révolution dans le théâtre. C'est par là en effet qu'on put l'opposer à l'école du drame, dont elle était pourtant issue, mais qui, sortie elle-même de Shakspeare, de Gœthe et de Schiller, avait toujours gardé à son insu le vague accent d'une école étrangère.

Ou je me trompe, ou je viens de dire le secret des diverses fortunes du mouvement romantique. Au moment où il avait renversé tout ce qui pouvait lui faire obstacle, qu'était-ce donc que cette résistance inattendue qu'il rencontrait dans le public? C'était l'esprit français qui hésitait à se reconnaître en lui, qui avait cru se retrouver dans les représentations de Mlle Rachel, et qui se retrouvait mieux encore dans l'éloquence politique de *Lucrèce* et le rire étincelant de *La Ciguë.*

La tradition française, la mesure française avec les franchises du drame romantique, c'est Ponsard et *Charlotte Corday.* De la tragédie régulière, *Charlotte Corday* n'en a porté le nom qu'un jour, et quand ce nom semblait utile à sa fortune; aujourd'hui elle l'a répudié. La division et la proportion des parties, elle ne les a pas davantage, ni même l'action prise à la veille du dénoûment. La pièce commence le 22 septembre 1792 et finit le 17 juillet 1793. Drame en cinq actes, dit le titre; mais le titre ne dit pas tout, car il dissimule officieusement dix tableaux. C'est le procédé de Shakspeare : la légende historique suivie pas à pas; l'artifice de la composition rem-

placé par le choix des scènes, par l'étude des caractères, par la
figure saisissante des personnages, par le contraste naturel des grands
troubles de la passion avec la sérénité de la nature ou celle des
existences calmes et unies.

Le quatrième acte se passe dans le jardin du Palais-Égalité, le
13 juillet 1793. La journée est belle; les enfants chantent et dansent en rond, tandis qu'un orateur de carrefour, monté sur une
chaise, lit à la foule un numéro de l'*Ami du Peuple*, et fait appel
à l'émeute en irritant les convoitises de la misère.

Chassé par les huées qui couvrent son éloquence athénienne,
Camille Desmoulins s'enfuit sous les tilleuls qui ont vu son premier
triomphe. Sa tête est marquée pour le bourreau. Il ne la sauvera
pas. Philippeaux l'entraîne, et les jolies petites filles se reprennent
par la main pour danser aux chansons.

Tout auprès, sur le seuil de sa boutique, un coutelier montre
un couteau à une jeune femme qui l'achète. Cette jeune femme,
c'est Charlotte Corday. Elle s'arme pour le meurtre qu'elle médite
et contre lequel se soulève tout son être. Elle dompte cette double
révolte de la nature et de la conscience; mais, au moment où elle
se décide à frapper, ses yeux s'arrêtent sur une enfant qui vient à
elle en sautant à la corde. La petite-nièce de Corneille croyait s'être
affranchie de son sexe, et la femme se réveille en elle. Elle tend les
deux bras à l'enfant, qui s'appuie sur ses genoux. Sa tête se rafraî-
chit, son exaltation se calme. Elle aussi, elle pourrait connaître le
bonheur d'avoir un de ces chers petits anges. Et la mère de l'enfant s'approche, et Charlotte Corday l'interroge doucement sur son
état, sur l'état de son mari, sur ce qu'ils ont, sur ce qu'ils désirent,
et il se trouve que ce petit ménage, si peu qu'il ait, a cependant
assez et ne désire pas davantage. La Révolution passe au-dessus ou
au-dessous de cet humble nid sans l'atteindre; la jeune mère offre
à Charlotte de l'y recueillir. C'est le salut. Charlotte le sent bien:

> Ah! qui suit la nature est dans la bonne voie:
> C'est là qu'est la sagesse, et c'est là qu'est la joie!

Mais la sagesse et la joie ne se présentent plus à elle que comme une suprême tentation. Elle n'entrevoit le bonheur que pour en faire un dernier sacrifice. Il faut que Marat meure. Le sacrifice s'accomplira.

Nous sommes loin des espérances que l'apparition de *Lucrèce* avait données aux ennemis du drame. Plus hardi dans la disposition de son plan que n'avait osé l'être l'école romantique, l'auteur de *Charlotte Corday* prend la scène libre et s'y établit sans tenir compte d'autre chose que de son goût, qui ne le trompe pas, et de son sujet, avec lequel il est entré en pleine intelligence. Sa pièce ne se développe pas sur un modèle donné, d'après des règles générales d'ordonnance et de symétrie, elle se développe dans l'ordre naturel des faits avec la pensée qui en est le lien, le début et la conclusion morale. Ses personnages y interviennent au moment où il en a besoin, et il n'en limite pas le nombre. Ils ont paru, ils disparaissent. Ils servent moins une action proprement dite qu'un rôle principal dans une situation largement exposée et dont ils sont chargés de renouveler les aspects. Ils passent un moment ; mais ils ont une figure et se dessinent tout entiers dans les quelques vers qu'ils récitent. Si peu qu'ils disent, ils ont tout dit, et rien ne saurait déterminer le poëte à leur en faire dire davantage. Ses actes sont longs ou courts sans qu'il y prenne garde. Tout y entre de ce qui est vrai. Nul autre artifice que la logique des choses et leur déduction conforme au mouvement naturel de la vie.

Légende historique mise en action, *Charlotte Corday* (je n'examine pas le choix du sujet et de l'époque), est de la famille des chefs-d'œuvre. Toucher de si près aux temps qu'ont vus nos pères, à des hommes dont la mémoire ne s'est pas encore dégagée de ces limbes où les morts attendent la résurrection de l'histoire, hâter cette résurrection, la faire avant les années, voir le vrai dans sa netteté, dans sa grandeur, dans son horreur et dans sa simplicité familière, être à la fois la postérité et le témoin, cela demande une rare vigueur d'intelligence et une sûreté de main égale à la puissance de la vision. Toutefois *Charlotte Corday* n'eut pas le succès de *Lucrèce*; l'à-propos n'y aidait pas. Quatre-vingt-treize, même en spectacle, inquiétait mil huit cent cinquante. D'un autre côté, l'indépendance du poëte à l'endroit des formes classiques le compromettait vis-à-vis de ses admirateurs. Le public retombait dans son indécision et dans ses défiances littéraires. Était-ce là la dernière forme de l'œuvre dramatique en vers? Où était la règle? Sur quelle doctrine s'appuyait cet exemple nouveau? L'autorité de la grande interprète aurait pu s'ajouter à celle du poëte, mais on a vu qu'elle lui faisait défaut. Mlle Rachel, j'ai eu regret à le dire, j'ai regret à le répéter, Mlle Rachel se réservait toute à elle-même; et, tant que dura la gloire de son règne, il y eut deux choses également difficiles pour les auteurs dont les pièces devaient être jouées au Théâtre-Français : l'une, d'obtenir le concours de la grande actrice; l'autre, de réussir sans son concours.

La comédie l'avait pressenti la première. La retraite de Mlle Mars avait suivi d'un an le début de Mlle Rachel, et peu à peu, Eugène Scribe après *Le Verre d'eau*, Alexandre Dumas après le *Mariage sous Louis XV*, après *Les Demoiselles de Saint-Cyr*, s'étaient écartés de la scène. *Le Mari à la Campagne* et *Une Femme de quarante ans* s'étaient rencontrés à propos pour faire un spectacle attirant moitié rire et moitié larmes. A partir de là, la première grande comédie en vers qui se présente est celle des *Aristocraties* d'Étienne Arago, succès dont s'occupe la critique, œuvre loyale, œuvre sincère, qui se rattache par la forme à l'école de Destouches et étudie avec un généreux esprit de conciliation la question du travail dans la société moderne, à la veille de Février 1848.

Enfin arrive Alfred de Musset, ou pour mieux dire arrive Mme Allan-Despréaux rapportant de Saint-Pétersbourg *Le Caprice* d'Alfred de Musset parmi ses brochures de théâtre. Elle joue le rôle de Mme Léry; elle le parle avec une aisance, un esprit, un mouvement naturel de conversation qui lui appartiennent, et le public enchanté bat des mains à cette double fête : le début de son poëte favori, le retour d'une actrice consommée qui a trouvé la note juste, le véritable accent de la comédie moderne.

Avec *Le Caprice* commence un théâtre nouveau, une comédie d'un genre particulier, la seule peut-être dont la vogue fût possible à côté des représentations de Mᵐᵉ Rachel et devant le public de la grande tragédienne.

A ce public difficile et délicat, qui se piquait surtout de l'être, il ne fallait pas moins que du distingué et de l'exquis, quelque chose qui fût de main d'artiste et considéré comme tel, afin qu'on en pût allier le goût avec l'admiration des chefs-d'œuvre du xviiᵉ siècle et de leur merveilleuse interprète.

Le théâtre d'Alfred de Musset se trouvait tout à point pour cela. Imprimé, ou plutôt recueilli en volume depuis 1834, il était un des livres, si ce n'est le livre préféré du dilettantisme littéraire. Tout le monde élégant l'avait lu. La jeunesse des écoles le savait par cœur. Il était original sans être nouveau. Il n'avait rien à redouter des hasards d'une première épreuve. Dans ce temps où le succès était aux reprises, c'était une reprise encore que la première représentation du *Caprice*, celle d'*André del Sarto,* du *Chandelier* ou des *Caprices de Marianne*. Par l'ordinaire effet du temps, qui consacre ce qu'il n'a pas détruit et ne détruit rien de de ce qui excelle, cette comédie, née de l'ironie d'un poëte mal accueilli à ses débuts, jetée en défi à toutes les conventions du genre et ouvertement dédiée au génie de Shakspeare, ce théâtre que le poëte avait fait impossible à plaisir était devenu en moins de vingt ans un théâtre classique. On ne le jugeait plus, on l'admirait. Et que de raisons pour l'admirer! Un esprit si vif et si personnel! si libre et de si grand air! un si juste sentiment de l'intérêt et de l'effet, de ce qu'il faut dire et de ce qu'il faut taire, du point où il faut prendre une scène et du point où il faut la conduire! un ordre si exact, sous un air d'abandon et de négligence! un mouvement si prompt de la pensée, un coup d'aile qui va si vite de la bouffonnerie à l'éloquence et de la boutade au cri de douleur! Car c'est ce cri qui a retenti dans toutes les poitrines. Que la fantaisie d'Alfred de Musset affecte la forme du pastiche ou de la traduction, qu'elle s'inspire comme en jouant du théâtre de Clara Gazul ou de Shakspeare, de Schiller ou de Crébillon fils, de Lord Byron ou de La Fontaine; quelle qu'elle soit, au fond de l'œuvre il y a un poëte blessé dont le cœur saigne; et si elle vit parce qu'elle charme, elle vit encore plus parce qu'il souffre. Charme et angoisse, c'est Alfred de Musset. C'est avec cela qu'il a conquis le monde. On s'en rend mieux compte aujourd'hui. A l'apparition du *Caprice*, une grande part du succès appartenait à la mode. La mode était venue au poëte. La société nouvelle l'aimait surtout pour cette heureuse impertinence avec laquelle il relevait sans façon Marivaux par Lantara, le bien dire des salons recherchés par la franche répartie de l'atelier de peinture. Seulement la mode lui venait un peu tard, au moment où le meilleur de son œuvre était déjà derrière lui. Il n'eût pas refait alors *Les Caprices de Marianne*, ni *On ne badine pas avec l'amour*; il faisait *Il faut qu'une porte soit ouverte ou fermée*, *Louison* et *On ne s'avise jamais de tout*. C'était assez pour le moment. Le public n'allait pas encore plus loin. *André del Sarto* disparaissait promptement du répertoire. *Les Caprices de Marianne* ne réussissaient d'abord qu'à s'y maintenir, et il ne semblait pas qu'on pût mettre à la scène la lutte cruelle de Perdican et de Camille. En attendant, le succès d'*Il faut qu'une porte soit ouverte ou fermée* recommençait celui du *Caprice*; et, comme tout succès ne manque pas de faire souche, en un instant proverbes et saynètes de fleurir. Petits actes de tout genre, petites comédies de salon, petites comédies grecques, voire même vénitiennes, le Théâtre-Français ne se défendait pas trop (il ne se défend même pas assez aujourd'hui) contre ces œuvres mineures qui trouvaient plus ou moins heureusement à se glisser soit au commencement, soit à la fin de son spectacle. Il fallut un commandement exprès pour les arrêter aux abords de la maison et les sommer de céder la place à des œuvres d'une autre portée. Ce qui est certain, c'est que la tentation était trop grande de pouvoir en-

trer à la Comédie-Française en apportant si peu. D'autre part, je
signale aussi ce fâcheux résultat, c'est que, tant qu'il y eut une
commission nommée pour décerner aux meilleures pièces de théâtre,
aux plus dignes, aux plus justement applaudies, les prix annuels
institués par M. Léon Faucher, aucun de ces prix ne fut donné à un
des ouvrages nouveaux représentés sur la scène de la rue Richelieu.

Un seul cependant se trouva désigné pour cet honneur, c'était
encore une pièce en un acte; mais cet acte était un chef-d'œuvre.
Je ne parle pas du *Village,* « on pourrait aisément s'y tromper; »
mais *Le Village* ne devait venir que deux ans plus tard, l'année du
Printemps de L. Laluyé et du début de Sardou dans *La Taverne
des Étudiants.* Je parle de *La Joie fait peur,* ce premier grand succès de
Mme Émile de Girardin, par lequel elle s'empara véritablement de la
scène. Jusque-là Mme de Girardin s'était essayée à l'œuvre du
théâtre; elle avait mieux fait que s'y essayer, elle y avait réussi,
mais sans prouver complétement, même dans *Lady Tartuffe,* que
cette œuvre du démon pût être traitée sans défaillance par une main
féminine. Elle avait commencé par *L'École des Journalistes*, qui n'aurait probablement pas soutenu l'épreuve de la représentation. Elle
avait encore écrit *Judith* avec la dernière plume que Delphine
Gay eût laissée au vicomte de Launay, et *Cléopâtre,* en se sou-
venant des jours où elle s'appelait la Muse de la patrie; mais déjà,
dans *Lady Tartuffe,* une métamorphose se faisait pressentir en elle.
Son talent allait changer de sexe. La composition de sa pièce était
bien arrêtée, le style net, le dialogue franc, les personnages frappés chacun à sa marque, l'effet voulu et produit, quelquefois avec
trop de recherche, mais avec certitude. Si le succès de *Lady Tartuffe* n'a pas été de ceux qui restent, cela tient sans doute à ce que
Mme Émile de Girardin, entreprenant sa troisième campagne avec
le concours de Mlle Rachel, s'était plus appliquée à faire un rôle
qu'une comédie. Dans *La Joie fait peur,* la même préoccupation
n'existe pas. La pièce est bien pleine de l'idée première. Tout y répond, tout s'en déduit. On n'y prend plus garde maintenant, parce

que le dénoûment est connu comme celui de *Tartuffe*, comme celui de *Valérie*, et qu'il s'aperçoit à travers l'œuvre entière; mais reportons-nous au moment où la pièce, sortant de l'ombre des répétitions, se prit à vivre dans la pleine lumière de la rampe et du lustre: quelle exposition dangereuse et hardie! quel tableau que celui de cette maison où la mort a fait un vide irréparable! Pour l'ordinaire, lorsque la mort intervient sur le théâtre, elle atteint le méchant, qu'elle met hors d'état d'achever son crime, elle venge la société et soulage la conscience publique. Elle frappe, et le rideau tombe. C'est la mort qui passe et disparaît; ce n'est pas le deuil qui la suit; mais ici c'est le deuil lui-même. Voici les vêtements noirs et le bonnet de crêpe; voici la mère qui pleure son fils parce que son fils est parti et qu'il ne reviendra plus. Elle ne pleure même pas, elle ne parle pas, voilà longtemps qu'elle est ainsi, et son chagrin peut la tuer, parce qu'elle a épuisé toutes ses larmes. Supposez que vous n'êtes pas au théâtre, mais dans la vérité des choses et la réalité de la vie; supposez qu'un hasard, une porte ouverte par erreur, vous mette tout à coup en face de cette douleur sans bornes, jugez si vous vous excuseriez de l'avoir surprise et de lui avoir manqué de respect en la voyant! Ce fut presque l'impression de la première soirée. Oui, l'aspect de la scène était si poignant, l'image de la maison sans voix et sans bruit si saisissante et si nouvelle, que l'imitation semblait imprudente et qu'on se sentait coupable de profanation envers la majesté d'un deuil inconsolable. Un moment de plus, c'était trop; mais, amenée à ce point, l'angoisse se détend avec Mme Désaubiers qui s'éloigne. Si la mère s'obstine à ne pas se distraire de sa douleur, le vieux serviteur s'obstine à espérer. Pour lui, son jeune maître n'est pas mort. Noël en est sûr. Noël en donne le démenti à toutes les preuves, et il a raison; car la porte s'ouvre et celui que l'on croyait perdu, l'intrépide jeune homme qui entre, le bonheur au front, lui crie gaiement, comme jadis au retour de la chasse: «Me voilà! Mon vieux Noël! Je n'ai rien, rien mangé depuis vingt-quatre heures, vite une omelette!»

A cette voix, Noël chancelle et tombe. Pour qui a vu la scène, je ne dis rien de plus. Je renvoie le spectateur à ses souvenirs. Dès cet instant, un poids tombe de toutes les poitrines. Le deuil a disparu. La lumière rentre dans la maison. Tout y est gai. Tout y revit. On se demande, — c'est Noël qui se le demande, — comment on va apprendre à Mme Désaubiers que son enfant lui est rendu; car on a peur qu'elle ne supporte pas sa joie. Mais tout le monde se tairait que les murs parleraient eux-mêmes. Il n'y a plus moyen d'être triste. La sœur ne veut plus l'être, la fiancée ne le peut plus. Et voici le danger, c'est que Mme Désaubiers ne devine trop tôt le bonheur qui tue. Il faut la tromper, il faut la mettre et l'arrêter sur la voie. Il faut lui mentir; car elle va plus vite qu'on ne veut. De là les inventions absurdes de Noël, et les finesses dans lesquelles il se perd, et ses maladresses dont il n'y a déjà plus rien à craindre; car Mme Désaubiers a tout compris; elle est dans les bras de son fils et peut dire que la joie ne tue pas.

Jamais œuvre de théâtre n'a mis le rire aussi près des larmes, et ne leur a mesuré aussi largement leurs deux parts. *La Joie fait peur* est le modèle de ces pièces simples et fortement étudiées qui succèderont peut-être aux pièces d'action et qui exposeront une situation intéressante, en la faisant passer par la succession délicate de ses mouvements les plus vrais. Peut-être aussi, comme *Le Philosophe sans le savoir*, restera-t-elle une chose unique. Retrouvera-t-on un jour, dans un même talent, cet art de l'homme et ce cœur de la femme, cette double nature à laquelle arrivait Mme Émile de Girardin? C'est une question que l'avenir seul peut se charger de résoudre. Quant à ce singulier développement des mâles facultés qui font l'homme de théâtre et qui allaient faire de Mme Émile de Girardin un véritable auteur dramatique, si on veut le suivre jusqu'au bout, c'est lui qui a produit l'incomparable bouffonnerie du *Chapeau d'un horloger*. Dans l'ordre des lettres, les femmes n'ont pas le rire gaulois. La farce leur échappe, et la comédie par suite. Mme Émile de Girardin ne s'y trompait pas : en passant par la farce, où elle a laissé un des chefs-d'œuvre du genre, elle reprenait le chemin de Molière.

Et tandis que *Le Chapeau d'un horloger* riait d'un si fou rire, Mme de Girardin ressentait les premières atteintes du mal qui devait l'enlever. Elle était sur son lit de douleur lorsqu'on lui demanda presque officiellement si elle n'enverrait pas *La Joie fait peur* à la Commission des prix Léon Faucher. Elle n'avait qu'à y consentir, et un prix lui était acquis d'avance; mais elle n'y consentit pas. Une plus juste estime de soi-même la mettait au-dessus de cette petite gloire : A mon âge, répondit-elle, on n'est plus de ceux qui reçoivent les prix; on est de ceux qui les donnent.

Elle mourut trop tôt pour son talent et trop tôt pour le Théâtre-Français. Elle le laissait dans le moment où il avait le plus besoin d'un auteur original et puissant, entre Mlle Rachel, qui ne devait plus revenir, et Émile Augier, qui s'éloignait avec Ponsard, portant l'un *La Bourse* à l'Odéon, l'autre *La Jeunesse.*

Que restait-il au Théâtre-Français? L'auteur sympathique et gracieux de *Mademoiselle de la Seiglière*, le collaborateur d'Émile Augier dans *Le Gendre de M. Poirier* et dans *La Pierre de touche*, si toutefois Jules Sandeau, déconcerté par un jour d'échec, n'avait pas renoncé à prendre sa revanche; Eugène Scribe infatigable, mais fatigué à son insu, cherchant toujours des collaborations et essayant d'amener à ses procédés, si longtemps heureux, Ernest Legouvé, · qui l'amenait, en retour, aux idées de la démocratie nouvelle. Et cependant les grands succès, les curieuses entreprises de la comédie moderne étaient ailleurs. Ils se nommaient *La Dame aux Camélias, Diane de Lys, Les Filles de marbre, Le Mariage d'Olympe, Le Demi-Monde, Les Parisiens de la décadence, La Vie de Bohême, Les Faux Bonshommes, La Question d'argent, Le Fils naturel* et *Les Lionnes pauvres.* Puis enfin le succès se déplace. Il revient à la rue Richelieu, un jour que l'affiche porte ce titre singulier, *Le Duc Job*, et que le public, un peu étonné des tristes révélations dont l'entretient partout le théâtre, trouve d'aventure un endroit où il voit la vie telle qu'il aime à la voir, et la société composée d'honnêtes gens avec lesquels il se plairait à vivre.

Le Duc Job ne fait pas autrement révolution dans les lettres; mais il marque un temps de repos, une halte heureuse sur une pente où la comédie se précipite. Il donne au public le loisir de reprendre haleine; il l'amuse, il le touche, il l'intéresse. C'est une œuvre de bonne humeur qui dit gaiement son fait à la fortune, ne se flatte pas sans doute de convertir la société actuelle à l'ancien mépris des richesses, mais donne aux petits-fils du vieux Job le plaisir de voir humilier les millions une fois par hasard et de les croire un moment inutiles.

Toutefois, la comédie ne s'est pas donné parole d'être toujours aussi aimable et aussi indulgente. Sans remettre une balle dans le canon du pistolet avec lequel il a cassé la tête de la fille de proie, Émile Augier le recharge pour en casser les vitres du coquin qui a un hôtel. A côté du demi-monde féminin, il y a aussi un monde interlope de la politique et des affaires, une société véreuse et condamnée à se guinder sur l'insolence pour se tenir au-dessus du mépris: « les effrontés, » ainsi les appelle l'auteur de *La Ciguë*, aventuriers que la justice a parfois touchés en les flétrissant et qu'elle retrouve un jour maîtres du crédit ou de la parole publique. Vernouillet est le type dans lequel il les incarne. Vernouillet vient de perdre, je me trompe, vient de gagner un procès dont les considérants l'acquittent et le déshonorent. Sa honte, encore fraîche, est un fardeau sous lequel il plie et marche mal assuré. Le marquis d'Auberive le rencontre dans ce piteux état. Qu'est-ce que le marquis d'Auberive? Un vieillard spirituel et malicieux, dont la Révolution a dérangé les heures et changé la vie. Le temps présent l'a réduit au rôle de spectateur; il siffle le spectacle pour se désennuyer et y met la main quand il peut pour pousser les choses à l'absurde. Faire de Vernouillet un des rois de l'époque lui semble la plus cruelle mystification dont il puisse bafouer la société actuelle. Il relève le drôle et le dissuade de s'expatrier. A quoi bon? Est-ce l'opinion qui l'effraye? Mais Vernouillet dirigera lui-même l'opinion, s'il le veut. Il est riche : il n'a qu'à devenir acquéreur d'un journal. C'est aussi simple que cela. Ainsi fait Vernouillet, et Vernouillet devient une puissance. On salue Vernouillet. Il a des hommes d'esprit à ses gages. Ceux qui sont trop fiers pour vouloir relever de lui se retirent de son journal; ils écriront des brochures qu'on ne lira pas. Il donne un morceau de pain à un bohème, qui découpe les faits-Paris, rédige les articles de mode, et qui a passé par trop de métiers obscurs pour n'y avoir pas laissé la mauvaise honte. Il veut se marier dans la banque. Les choses n'iront peut-être pas toutes seules; mais quoi? Entre Vernouillet et M. Charrier, acquittés tous les deux pour des opérations à peu près pareilles, il n'y a de différence que dans la date des acquittements. Celui de M. Charrier est plus ancien; mais si le public l'a oublié, on peut rafraîchir l'anecdote. Charrier a beau s'en défendre, il faudra qu'il cède ou qu'il retombe du haut de la considération qu'il s'est faite; mais Vernouillet se trompe en croyant intimider le fils comme le père; c'est là qu'il échoue. Il a trouvé un cœur d'une droiture inflexible. Le fils montre à son père le devoir étroit, et le père se sacrifie à ce devoir pour ne plus déchoir dans la tendresse de son enfant. Charrier remboursera intégralement tous ses actionnaires. Le tiers de sa fortune y périra; mais il recouvre le droit de s'estimer lui-même. Vernouillet ne peut plus rien désormais contre lui. Vernouillet ne sera pas son gendre. Le bénéfice le plus net de sa journée est encore un coup d'épée que lui a donné le marquis, à l'occasion d'un article rédigé par Giboyer, et qui le pose sur un pied d'honnête homme.

J'ai écrit le nom de Giboyer. Le singulier personnage avait traversé avec trop de succès la comédie des *Effrontés* pour que l'auteur ne fût pas tenté d'en faire le centre et le ressort d'une autre pièce. Dans *Les Effrontés*, Giboyer se rappelle qu'il a été fils; dans *Le Fils de Giboyer*, le marquis d'Auberive l'oblige à avouer qu'il est père. Heureux et malheureux à la fois, il a un fils qui est son

orgueil et auquel il n'a pas donné son nom, de peur que son nom
ne fût une tache. Il veut bien être un misérable, mais il veut que
son fils soit pur et digne. Il a perdu sa vie, mais c'est dans son fils
qu'il la recommence. Ses convictions, car il en a, c'est au cœur
de son fils qu'il les a déposées. Sa foi politique, il l'a fait passer en
lui; mais quel n'est pas son étonnement quand il voit que la foi
politique de son Maximilien est ébranlée. Et par quoi? Par un
discours que M. Maréchal, dont Maximilien est secrétaire, doit
lire au Corps législatif. Mais ce discours, ce manifeste d'un parti,
commandé par le marquis d'Auberive, c'est Giboyer lui-même qui
l'a écrit, c'est Giboyer qui a détruit la foi au cœur de son enfant,
Giboyer qui n'avait jamais osé lui dire qu'il est son père, craignant
de surprendre sur son visage un sentiment de tristesse, et qui est
forcé de le lui dire pour lui prouver que son père a menti.

Dans *Les Effrontés*, l'honneur d'Henri remonte à M. Charrier et
le sauve. Pourquoi l'honneur de Maximilien ne remonte-t-il pas de
même à Giboyer? Le rideau tombe sur le châtiment du pauvre
père, qui se sacrifie et quitte volontairement la France. Il est vrai
que Giboyer emporte une suprême joie : son fils l'a avoué devant
M. Maréchal, et mademoiselle Maréchal, qui devient sa bru, s'est
agenouillée devant lui pour recevoir sa bénédiction. Il peut se re-
tirer en Algérie; Maximilien ne l'y laissera pas.

Émile Augier a eu le privilége, — et c'est un privilége qu'il
doit à son talent, — d'aborder de nos jours la comédie politique.
Dans la première de ses deux pièces, sa pensée est bien claire : il
réclame pour les hommes d'intelligence la prédominance que
prend le capital dans la société moderne. Il attaque l'argent, fon-
dant une aristocratie sans passé et sans gloire, l'argent s'emparant
de la presse et régnant sur l'opinion au mépris de l'étude et de la
pensée. Quoi qu'on en ait pu dire, Vernouillet n'a jamais été une
figure au-dessous de laquelle on ait pu écrire un nom; Vernouillet
ne représente que l'argent, et l'argent pris à ses pires sources. Si c'est
là le point de départ de l'aristocratie financière (et c'est toujours au

moins un de ses points de départ : M. Charrier lui-même a commencé comme Vernouillet), on comprend les sympathies de l'auteur pour le marquis d'Auberive. Il a mis en présence trois aristocraties, celle de la race, celle de l'argent, celle de l'intelligence. Il dit à celle-ci : l'avenir t'appartient ; mais si ton temps n'est pas encore arrivé, la légitime noblesse est encore celle de la naissance, parce qu'elle vient des œuvres de l'épée. En aucun cas, la fortune née d'un coup de lansquenet ne doit créer une noblesse.

Dans *Le Fils de Giboyer*, la thèse est moins précise, mais la satire a quelque chose de plus direct et de moins impersonnel. En réalité, les coulisses d'un journal, quel qu'il soit, ne sont pas à jour comme les coulisses des assemblées législatives. Le public n'est pas tenu au courant des anecdotes et ne connaît pas les figures. Quand il s'agit des mœurs parlementaires, on est mieux préparé à saisir les allusions ; on les cherche, on les devine, on les suppose. On croit reconnaître la baronne Pfeffers, belle, spirituelle et veuve, dont le salon est le quartier général d'une coterie sérieuse, adoration platonique et Égérie mystique du cercle qu'elle inspire ; — M. Maréchal, le bourgeois légitimiste dont le marquis d'Auberive a fait un député, pour n'en avoir pas fait jadis un ridicule sans le dédommager un peu, et dont il veut faire un orateur en lui donnant un discours manuscrit à lire devant la Chambre. On sent l'allusion dans les péripéties du discours orthodoxe commandé à Giboyer par le marquis, appris par M. Maréchal, retiré tout à coup de ses mains et confié à M. d'Aigremont, le calviniste, par suite d'un revirement que la baronne Pfeffers opère au sein du comité. On la sent dans la conversion de M. Maréchal lui-même, qui passe à l'opposition par dépit d'avoir été joué et se prépare à réfuter avec un nouveau discours, encore appris par cœur, le fameux manifeste dont il a failli être l'organe. Tout cela, c'est la pièce. Ajoutez que tout cela est écrit de verve, avec un entrain qui ne sent jamais la fatigue et une boutade qui ne se dément pas ;

que la plume de l'auteur a toujours couru sans prendre le temps
de faire de l'esprit; qu'elle n'a donné que celui qu'il a, mais qu'il
en a toujours du plus franc, du plus libre, du plus personnel, et
tout explique les deux grands, les trois grands succès, je n'ai pas
droit d'oublier *Maître Guérin*, qui ont mis Émile Augier à un rang
où il n'a personne au-dessus de la tête.

Nous ne sommes pas encore la postérité. L'avenir jugera les efforts
qui ont été faits dans ce temps-ci, et je crois qu'il y trouvera une
aussi large dépense d'originalité, d'invention, d'observation, d'é-
tude comique et de bonne langue qu'à aucune autre époque; je
dirais une plus large dépense, si je pouvais mettre à part le temps
de Molière. Que la comédie moderne se soit imprudemment aven-
turée à la suite de Daumier et de Gavarni dans ces voies dérobées
où l'on perd de vue la famille; qu'elle ait montré ce qui n'était pas
fait pour la lumière; qu'elle ait nommé ce qui ne devrait pas avoir
de nom pour les honnêtes gens, dit à la face du père ce que le père
ne devrait pas entendre devant son fils, et à la face du fils ce que
le fils ne devrait pas entendre devant son père; je ne le nie pas,
je l'avoue. Elle a remué des vérités malsaines; mais elle en a tiré
des œuvres remarquables, et, après tout, ce n'est jamais sans profit
que l'on étudie la vérité. A la regarder vaillamment, hardiment,
on contracte la force qui fait les hommes, et les hommes ne man-
quent pas à la comédie de nos jours.

Comptons-les et voyons ce qui nous reste après tant de pertes
récentes : après Eugène Scribe, ce prince des inventeurs, ce mouvement d'esprit, cet agrément, cet enjouement, ce jeu de combinaisons inépuisable; après Balzac, l'observation portée à sa plus
haute puissance, l'auteur de *La Marâtre,* le père de *Mercadet*, mort
au moment où il mettait enfin le pied sur la scène comme sur sa
conquête; après Léon Gozlan, l'imagination dans le comique, le
paradoxe sincère, l'impossible qui croit à lui-même; Henri Mürger
et Gérard de Nerval, deux esprits nouveaux, toute la grâce de la
Bohême ingénue; Louis Lurine, qui était aussi de la famille; Méry

et Roger de Beauvoir, Mélesville et Dumanoir, deux anciens, deux aînés, deux talents distingués et aimables; Camille Bernay, Léon Battu, J. Lorrin, Villarceaux, d'Assas et Schmidt, autant de promesses! Mais quoi! Les rangs se resserrent, les recrues y entrent incessamment, et c'est toujours une magnifique armée que la famille des auteurs qui écrivent pour le théâtre.

Les chefs en sont illustres, et les soldats ont l'entrain, la décision personnelle de la milice française. En tête, les maréchaux qui ont l'âge et les chevrons des grandes guerres : l'auteur d'*Hernani* prêt à rentrer glorieusement en campagne; l'auteur d'*Antony* et de *Mademoiselle de Belle-Isle*, dont la libre invention ne se trouve plus à l'aise que dans la mesure du roman, mais dont l'orgueil paternel regarde sans regret les luttes de la scène parce que les acclamations de la victoire lui apportent l'écho de son nom dans le nom de son fils.

A leur suite, et sans ordre de rangs, Ponsard doué de l'heureux privilége d'arriver toujours à propos dans les moments de crise littéraire, fort de la probité de son travail, fort de son inspiration qui lui vient de lui-même, sans trouble et sans hésitation comme M. Ingres, avec lequel son talent a plus d'un trait de ressemblance, savant et naïf comme lui, prenant comme lui ses modèles aux belles époques du passé, comme lui persévérant dans l'unité de sa vie, toujours semblable à soi et marquant du même cachet ses œuvres capitales : *Lucrèce*, *Agnès de Méranie*, *Charlotte Corday*, *L'Honneur et l'argent*, *Le Lion amoureux*, dépassées, au point de vue de l'éloquence, par l'épique inspiration de son *Galilée*;

Émile Augier, ce frère jumeau du début de Ponsard, son second dans la querelle des deux écoles, cet autre talent fait de clarté, de vigueur, de hardiesse et de liberté gauloise; plus souple et moins convaincu; plus curieux, plus attentif aux mouvements de la littérature; prompt à se porter du côté où va celui qui marche, non pas pour marcher à la suite, mais pour aller plus loin encore; né pour oser, étonné d'avoir remporté un prix de l'Académie Française.

se sachant meilleur gré d'avoir fait *L'Aventurière* que *Gabrielle*, et heureux de s'être racheté par *Le Mariage d'Olympe*; main hardie, résolue à lever les masques de la société; père de ce drôle cynique que nous avons vu tout à l'heure, qui se nomme Giboyer comme Figaro se nomme Figaro; petit-fils lui-même de Regnard et de Beaumarchais; qui fait de la prose son arme de combat, garde le vers pour la comédie de passion ou d'aventure, et, un moment trahi par la fortune du théâtre, se prépare un quatrième triomphe avec une grande œuvre écrite dans la grande forme littéraire;

Octave Feuillet, écrivain d'élite, que la lecture d'Alfred de Musset a d'abord révélé à lui-même, mais qui est entré en possession de sa nette et gracieuse originalité; Marivaux d'un siècle sérieux, sérieux comme son siècle, et dont l'esprit a vécu plus intimement dans la confidence du cœur; plume finement taillée pour les délicates et ingénieuses analyses; auteur dramatique d'un ordre à part; nature charmante et distinguée qui a fait des sentiments de l'honnête homme et de l'homme de famille son exquise élégance; qui ne veut pas laisser à ce qui est en dehors du bien le privilége de la séduction; qui prête l'attrait au bon conseil, à la foi simple, à la pratique des vertus douces et modestes; champion de la province dont il est l'hôte et qu'il a raison d'aimer parce qu'il y garde bien sa physionomie personnelle, parce qu'il y emporte, pour les mieux étudier à l'écart, les souvenirs avec lesquels il s'est élevé aux hardiesses de *Dalila*, et qu'il y trouve les modèles, discrètement, ingénument supérieurs, du *Village* et du *Cas de conscience*;

Georges Sand, nom illustre même au théâtre, talent androgyne comme Mme Ém. de Girardin, plus mâle à son début, mais où la femme tend peut-être à se dégager chaque jour davantage, tandis que Mme Ém. de Girardin, par une contraire évolution, arrivait dans ses dernières œuvres au caractère complet de la virilité; Georges Sand, écrivain supérieur, plume douée d'un don de magie, passion pénétrante et subtile, séduction qui trouble et qui égare, charme inquiétant vis-à-vis duquel il faut veiller sur soi, de peur d'être surpris et d'admettre, en applaudissant, que la lignée d'Adam est toujours égoïste, irrésolue, sans grandeur et sans courage; que la descen...nce d'Ève est toujours dévouée, intrépide, héroïque; que, dans ce monde mal fait où rien n'est à sa place, on doit toujours chercher la plus pure vertu au fond de toutes les chutes et le plus légitime orgueil au fond de toutes les misères : conclusion inévitable d'un théâtre qui n'en est pas moins essentiellement aristocratique dans sa forme précieuse et distinguée, exquis par la vérité délicate du détail, par la finesse lumineuse du dialogue et la grâce vivante du tableau, consacré enfin par trois grands succès : *François le Champy*, *Le Mariage de Victorine* et *Le Marquis de Villemer*;

Alexandre Dumas fils, l'aîné, par le succès, des auteurs de la comédie moderne, celui qui l'a émancipée et mise en état de tout dire; riche et complète nature, mélangée de rêverie, de chimère, d'audace et de justesse d'esprit; praticien consommé, fécond en expédients, rompu à toutes les combinaisons de la scène, et attiré vers les thèses dangereuses où s'endort quelquefois l'action allanguie; tenté de se perdre dans le discours, dans la discussion et le paradoxe; prêt à sauver telle pièce qui se sent sombrer et lui fait un signal de détresse; risquant tout pour lui-même et ne hasardant plus rien pour les autres; sûreté de coup d'œil impitoyable; main d'opérateur qui coupe dans le vif et dégage de tout ce qui le gêne le succès du *Supplice d'une femme* ou celui d'*Héloïse Paranquet*;

Théodore Barrière, qui devait être journaliste s'il n'eût été auteur dramatique, et qui a fait du vaudeville le précurseur de la petite presse : chroniqueur avant la chronique quotidienne, oseur, improvisateur, Parisien-né comme la Fronde, hardi à l'escarmouche, prompt aux hardiesses de la comédie satyrique, recommençant Aristophane selon notre mesure et s'incarnant avec éclat dans le Diogène nouveau dont il a créé la figure et le nom; mais impatient, capricieux, obéissant à deux instincts qui le poussent l'un vers le pamphlet, l'autre vers l'élégie et l'idylle; trop pressé de produire pour choisir entre les deux, d'arriver à temps pour finir, et de finir pour achever; esprit fécond qui sait bien que les revers ne comptent pas, mais qui a le droit de compter fièrement ses grandes victoires; moraliste vigoureux qui a eu le coup de fouet et le coup de dent, qui vise ailleurs aujourd'hui et va un peu à l'aventure, mais qui retrouvera la voie des belles soirées quand, au lieu d'allumer sa lanterne pour chercher où en est le succès chez les autres, il se reprendra tout simplement à étudier *Les Faux Bonshommes* et *Les Filles de marbre*, avec le cigare étincelant de Desgenais;

Victorien Sardou, venu après les autres, et qu'ils rencontrent aujourd'hui sur toutes les scènes; comparable par sa fécondité à Eug. Scribe, dont il diffère en tout le reste; cherchant le danger qui double le succès; jetant au public un perpétuel défi, l'agaçant, l'irritant à la manière des dompteurs, le faisant rugir pour se donner la gloire de le vaincre; lettré studieux, nourri des meilleurs styles, habile à les prendre tous; ménechme charmant de Beaumarchais quand il a voulu l'être; joueur qui ne vise qu'aux coups de partie et refait peut-être trop souvent le coup de l'alcôve; moralisateur qui a manqué sa visée dans *La Famille Benoîton* et prouvé une fois de plus que le théâtre châtie les mœurs sans les corriger, mais dont le succès marque une époque et aura eu l'honneur de donner un nom à l'extravagance de 1866 en matière de toilette;

Félicien Mallefille, talent inégal avec des parties de premier ordre; excellent où il est bon : dans le portrait, dans le récit, dans la tirade satyrique et l'enchaînement précieusement tr.... lé du dialogue; main de maître quand il écrit, moins habile à nouer l'ensemble de sa composition qui lui échappe; écrivain dramatique plutôt qu'auteur dramatique; supérieur à son œuvre incomplète où le comique a ironiquement survécu; visant haut, sujet à manquer le succès, mais s'imposant à l'estime; figure à part qui ne prend pas de rang, et, solitaire, se drape avec un juste orgueil dans sa noble renommée;

Puis les survivants et les derniers nés de l'école de 1830, fidèles à la forme du grand théâtre, à la poésie, à la rime rare, à la parole épique : Jules Lacroix, l'auteur du *Testament de César*, de *Valéria* et de *La Jeunesse de Louis XI*, le traducteur de Sophocle et de Shakspeare, d'*Œdipe-Roi* et de *Macbeth*; Louis Bouilhet, aimé de la jeunesse de l'Odéon, poëte dans *Madame de Montarcy*, poëte dans *La Conjuration d'Amboise*, et dont l'inspiration dramatique, marquée dès le début au coin des vers de *Ruy-Blas*, en a toujours gardé la vive effigie;

Puis ceux qui devaient être aussi des poëtes et qui, surpris dans le mouvement arrêté par l'échec des *Burgraves*, se sont repliés sur le drame en prose avec les qualités supérieures de leur grande éducation littéraire : Paul Meurice, Auguste Vacquerie, Victor Séjour, Ferdinand Dugué et Édouard Plouvier;

Puis les romanciers qui se sont décidés à faire de leur propre invention ce que le théâtre s'était accoutumé à faire de l'invention d'autrui et à donner eux-mêmes à leurs récits la seconde façon du théâtre : Auguste Maquet, le collaborateur avoué d'Alexandre Dumas, associé à ses plus grands succès, lieutenant d'Alexandre et digne de devenir son émule; Paul Féval, en qui Frédéric Soulié avait deviné son successeur, le dernier des romanciers de la forte race, et auquel il avait ouvert lui-même les portes de l'Ambigu-Comique; puis les vieilles gloires du drame de passion et d'intrigue, les habiles, les heureux, Adolphe d'Ennery et Anicet Bourgeois, maîtres d'un genre populaire dans toute l'Europe, traduit partout et partout imité;

En remontant à la comédie en vers : Camille Doucet, l'auteur des *Ennemis de la maison* et du *Fruit défendu*, esprit vif, alerte, enjoué, fin satirique, dont le vers bien disant part comme un trait et pique droit où il vise; Pailleron, qui fait causer le sien, le rompt à son gré et le désarticule à plaisir pour l'ajuster à tous les mouvements de la conversation familière; de Belloy, qui devait traduire Térence, dont il avait déjà, dans *Pythias et Damon*, la délicate et discrète élégance; Théophile Gautier, qui a fait un chef-d'œuvre, le prologue de *Falstaff*, et qui frappe le vers de théâtre (*Pierrot Pos-*

thume et *Le Chapeau de Fortunatus*) avec le vrai coin du seizième et du dix-septième siècle; Théodore de Banville, dont la muse gracieuse, car c'est bien une Muse, dédaigne de poser son brodequin de pourpre hors des palais qu'habite Cypris et des vallons où l'Amour vengé attire Diane chasseresse auprès d'Endymion endormi; Gondinet, qui a fait *Les Révoltées*, et qui fera bien d'autres jolis vers amusants avec un esprit qui lui appartient, original, naturel et moderne;

Au-dessous (pourquoi au-dessous?), Meilhac, qui a la distinction de Dumanoir s'il n'en a pas encore l'adresse, qui peut manquer trois actes, mais qui ne manque jamais une scène de bon goût, et qui sait écrire un acte de la bonne façon : *Les Curieuses* et *La Clef de Métella*;

Un vrai talent, Eugène Labiche, le Picard du Palais-Royal, mais un Picard qui a des traits de Molière; héritier direct de Duvert et de Lauzanne, inventeur comme eux d'une langue amusante et qui l'amuse lui-même, gai, risquant tout dans la bouffonnerie, poussant la parade au delà des limites connues, auteur du *Chapeau de paille d'Italie*, et c'est tout dire; mais vrai, mais observateur, mais toujours près de la comédie humaine; auteur de *Moi!* du *Misanthrope et l'Auvergnat*, du *Voyage de M. Perrichon* et de *Célimare le bien-aimé* (son chef-d'œuvre); Lambert-Thiboust, Delacour et Siraudin, lancés à l'envi dans la même voie; enfin les parodistes nés du succès d'*Orphée aux enfers* et d'un trait du crayon de Daumier, les auteurs de *Barbe Bleue* et de *La Belle Hélène*, Hector Crémieux et Ludovic Halévy, auxquels on peut pardonner d'avoir travesti Homère, parce qu'ils ont fait rire, et qu'Homère lui-même leur pardonne du haut de sa sereine immortalité.

J'en passe et des meilleurs! disait Don Ruy Gomez de Sylva : Édouard Foussier, un délicat, trop difficile pour lui-même et qui a trop le loisir de subtiliser avec sa pensée, mais dont Ém. Augier a deux fois accepté la collaboration dans *Ceinture dorée* et dans *Les Lionnes pauvres*; Latour Saint-Ybars, l'auteur de *Vallia*, de *Virginie*, du *Vieux de la montagne* et du *Tribun de Palerme*; Ernest

Serret, encore un des heureux débuts de l'ancien Odéon, poëte, auteur lauréat, que le roman d'analyse a détourné du théâtre et qui s'est laissé faire; Alphonse Royer, qui a passé aussi par l'Odéon, applaudi dans le drame comme dans la comédie, et dont *Le voyage à Pontoise*, réveillant un sonore écho, a renouvelé l'éclat de rire du *Voyage à Dieppe*; Léon Guillard, l'auteur du *Dernier amour* et de *Clarisse Harlowe*, qui s'est retiré trop tôt de la lice, et qui a fait lui-même, autour de ses brillants succès, le silence où se plaît sa modestie; Amédée Achard, plume toujours jeune; Émile Bergerat et Ferrier, qui débutent avec des vers de vingt ans; les deux frères Edmond et Jules de Goncourt, qui ont une revanche à prendre et qui la prendront tôt ou tard de haute lutte avec leur rare talent d'écrivains et l'originalité de leurs procédés personnels. Il faut s'arrêter cependant. Arrivé au point où j'en suis, je ne saurais dire autre chose, sinon que mes omissions sont involontaires. Mais, à la suite de ce long dénombrement, je demande sans hésitation, même aux esprits les plus prévenus, s'il n'y a pas là un bel ensemble de forces vives et d'intelligences en pleine activité. On cherche, on s'ingénie, on travaille. A aucune autre époque, les talents n'ont été plus divers et plus jaloux de ne pas se ressembler l'un à l'autre. Les écoles d'imitation sont fermées. Est-ce un si grand malheur? L'art est libre; il n'y a pas beaucoup à craindre de sa liberté. S'il s'égare, le public est là pour le ramener bien vite. Rien ne pousse à une extrémité sans que la réaction se porte en sens contraire. Nous avons vu la comédie épuiser la veine des exemples imprudents et des réalités audacieuses. Après *La Famille Benoîton*, il n'y avait déjà plus de place pour *La Contagion*, qui eût été peut-être un succès avant *Maître Guérin*. *Henriette Maréchal*, en mourant d'un excès de réalisme, a préparé le glorieux avénement du *Lion amoureux*, et par suite le succès littéraire de *La Conjuration d'Amboise*.

Le régime des priviléges est aboli pour le théâtre. De tous côtés, édifices ou sous-sols, s'ouvrent des salles nouvelles. On joue l'opérette et le vaudeville dans les cafés-concerts. Il se dresse quelque part, devant une façade, des tréteaux abrités sous un auvent, et la parade va renaître. Vous dites que ce n'est pas là le grand art. Non certes! Mais ne vous hâtez pas trop de crier à la décadence. Prenez-y garde : il faut du temps, même à la liberté, pour produire des merveilles. Tout commence à cette heure. Tout ce qui naît est encore pauvre et défectueux. Presque tout cela se trompe et manque par plus d'un endroit; mais tout cela s'agite, tout cela s'essaye, et de ce mouvement, de cette agitation, de ces tâtonnements sortira l'avenir. Regardez ces petites feuilles publiques qui vous tentent par l'appât de la caricature et de l'image enluminée. Jetez les yeux sur ces articles écrits avec l'audace ingénue des vingt ans et de l'obscurité qui s'assure en elle-même. Lisez ces noms qui n'étaient pas hier et qui ne sont pas tous encore aujourd'hui. Comptez-les, ces nouveaux venus. Combien sont-ils? Ils sont vingt, ils sont trente, ils sont bien plus! Et ceux qui écrivent parlent de ceux qui composent, de ceux qui tiennent le pinceau, l'ébauchoir et le burin, que vous ne connaissez pas et qui se connaissent. Ils sont tous du même âge. Ils s'appellent l'un l'autre, se marquent mutuellement leur place et se désignent pour une célébrité prochaine. Ne souriez pas : c'est une génération qui s'élève. De 1830 à 1868, il s'est montré çà et là quelques groupes qui ont pris rang parmi les anciens; mais il n'y a pas eu à proprement parler de nouvelle génération. Aujourd'hui la génération nouvelle fait sa première apparition avant d'avoir son avénement. C'est pour elle que tout se prépare. C'est pour elle que la prévoyance de l'Empereur Napoléon III a voulu aplanir les obstacles. Le siècle futur fait son apprentissage dans tous ces humbles commencements. Poëtes et musiciens à peine sortis de l'ombre, vous êtes attendus plus haut. Salut à la génération de mil huit cent soixante!

Au moment où Joseph Chénier parlait si fièrement du poëme tragique, ce qui allait passer, c'était la tragédie; ce qui allait venir, c'était Colin Harleville, Andrieux, Alexandre Duval et la comédie.

Qui sait ce qui viendra demain? Mais si nul ne peut le prédire, nul ne se trompe du moins sur ce qui est resté et ce qui restera toujours. Ce qui restera, c'est Corneille, c'est Molière, c'est Racine, c'est Regnard, c'est Lesage, c'est Marivaux et Beaumarchais; ce sont et ce seront les œuvres originales et sincères, les études de l'homme prises sur le vif, les grandes ou les petites pages du livre d'or de l'humanité, ces figures que crée le génie en les observant et pour lesquelles il semble dérober à Dieu le secret de la vie, ces fables nées de son invention, ou bouffonnes ou sublimes, rêves de sa pensée dont un style pur, cette force mystérieuse, fait des monuments plus indestructibles que l'airain.

ÉDOUARD THIERRY.

www.ingramcontent.com/pod-product-compliance
Lightning Source LLC
Chambersburg PA
CBHW072022080426
42733CB00010B/1786